元華文創

通識教育
的全人、跨域與實踐

Holistic and Interdisciplinary Approaches
in General Education Practice

臺灣全人通識教育的過去、現在與未來，
通識教育跨域實踐的觀察、探究與反思，
從知識論域、數位世界到實體地方，期待的是教學與學習的雙向奔赴，
是教學者的初心所在，也是學習者的必經旅程。

陳康芬 著

自　序

　　這本論文集終於出版了！這本論文集是我的第一本通識
教育領域的專書，紀錄了我在中原大學通識教育中心專任至今
的教學研究軌跡。相較於現今的通識教育現況與發展，我的教
育理念其實更接近博雅理念，但在這些年的隨勢轉型過程中，
最大的收穫就是透過教學方法與教學設計的創新目的及需求，
開始嘗試將不同的跨域知識帶到我的課堂上。

　　對我個人來說，現代通識教育繼承博雅教育所要求的博
通廣識，一言以蔽之，跨域、整合也。這個認知影響了我對通
識課程的教學設計精神，一直無法拋開在專業知識的基礎上，
尋求理解其他領域知識的同時，也能有更多觀察、思考與對話
的可能性，也希望在有限的課程時間中，能讓學生了解到，大
學教育不該只專注在專業領域知識的學習，也要能打開專業領
域以外的知識想像的眼界。

　　這本論文集收錄了網路資源人文批判、「大學城地方」
探究教學設計、行動科技應用人文閱讀對話教學、AI 人工智
能倫理與《孫子兵法》等不同議題與領域的教學設計與相關行
動研究或實踐反思論文。特別是「大學城地方」探究教學設
計，從教學設計開發、到實體地方的踏查參與、到地方發展想
像的連結，如何將地方知識與地方經驗整合成學生對未來地方
實踐的參與或想像，多有賴於不少地方朋友在合作關係中的無

私分享與熱情支援，在此一併表達由衷的謝意。除此之外，也感謝連續三年教育部教學實踐研究計畫的經費支持，讓這個結合地方的創新教學設計，能夠得到足夠的資源去推動，更感謝那些年與我一起參與課程的學生們！

陳康芬

目　次

■壹 總論篇■

中原大學全人理念與
臺灣通識教育

第一節　緣起——中原大學的全人理念與通識教育

中原基督教大學（Chung Yuan Christian University）於一九五五年創校於臺灣桃園中壢地方，校名與規模從籌辦之初的「基督教中壢農工學院」、「中原大學理工學院」到立案時的「私立中原理工學院」，由美籍牧師賈嘉美（Dr. James R. Graham II）及我國熱心教育之基督徒張靜愚、郭克悌、鈕永建、陳維屏、瞿荊洲等諸先生，在基督救世愛人的精神呼召下，所倡導設立，至一九八〇年擴充改制為「中原大學」。相較於同時期階段在臺建校的基督教大學——一九五四年在臺復校的東吳大學、一九五五年開辦的東海大學，中原是唯一以理工為主，且與東海大學同為較強調基督教精神辦校的高等教育體制學校。

爾後，中原大學能在眾多大學競爭環境之下異軍突起，除歷屆校長、教職員、學生的共同努力，堅持以「中原大學之創辦，本基督愛世之忱，以信、以望、以愛，致力於中國之高等教育，旨在追求真知力行，以傳承文化，服務人類」的宗旨辦學，也是重要原因。一九九五年中原歡慶創校四十週年，提出「中原四十，邁向全人」的目標，具體將「全人教育」作為中原的發展教育方向，並在校長張光正的帶領，以及執行團隊的制度落實之下，成為中原極重要的治校理念與政策。

中原大學的全人教育理念的落實與實施，雖係由中原創校的基督愛世精神而自然形成，但之中的抵定過程卻歷經相當

嚴謹、積極的議論與擬定：由一九八七年七月一級主管研討會中正式提出草擬教育宗旨及教育理念構想；同年尹士豪校長於第二十屆校務會議中正式宣布成立「中原大學教育理念起草小組」，於一九八八年元月聘請杜詩統、曾天俊、林治平、賴君義、黃孝光、洪炳南、王晃三、張德泉、喻肇青、周逸衡等十位教授成立理念小組；一九八九年十月十一日正式簽署，頒布實行；一九九一年七月，張光正校長繼任後，全力維護推動，並以此為本，推行全人教育，全人教育之理念得以逐漸落實於行政與教學研究單位[1]。其中成果斐然的付諸施行首推全人通識教育。

第二節　實踐──中原通識教育的全人化與基督教大學脈絡

　　中原大學校園與教育理念的核心價值──「全人」，與東吳大學校訓中「養天地正氣，法古今完人」中的完人（Full Grown Person）不同。完人強調的是一種效法天地正氣、而能不斷自我超越的道德性的認知與實踐，全人強調的是一種整全關係認知之下的「人」的生命存有實踐。因此，全人在英譯脈絡的對應不是 Whole Person，而是 Holist Person。從知識論的字源去看，它有整體主義 holism 之意，強調的是一種人之所

---

[1]　林治平：〈中原大學實施全人教育之理念與實踐之研究〉，收錄於《全人教育國際學術研討會論文集》（臺灣：財團法人基督教宇宙光傳播中心出版社），頁 364-367。

以為人的整體形成，包括看得見的具體存在與看不見、但真實存在的抽象存在。林治平指出：知識論中主張 holism 思想的學者，認為任何一個命題、定律或理論的真假，必須將其放整體信念網（web of belief）中，方以能加以判斷；也就是說，對任何一個命題或認知，必須將之放在整體知識或信念網絡中才能真正對該命題或認知有所認知了解；全人教育就是要求把「人」放在人的信念網中，去了解人、去認識人的一種教育主張[2]。

　　什麼是「人」的信念呢？由人的信念所形成的信念網，應為何種樣貌？中原大學作為一個基督教的大學，由「全人」命題所對應、開展的基督教式的信念網是什麼呢？具體而言，這些提問其實指向了一個重要的實踐問題——基督教的理念如何落實在中原的校園環境？也指出中原大學除了有一般現代大學所具備的知識傳播與統整功能之外，還必須具有超越知識教育範圍的基督教大學使命。中原的教育理念充份說明其施行軌跡：

　　　　我們尊重自然與人性的尊嚴，尋求天人物我間的和諧，以智慧慎用科技與人文的專業知識，造福人群。
　　　　我們了解人人各承不同之稟賦，其性格、能力與環境各異，故充份發揮個人潛力就是成功。
　　　　我們認為教育不僅是探索知識與技能的途徑，也是

---

[2]　林治平主編：《全人教育國際學術研討會論文集》，頁 362。

塑造人格、追尋自我生命意義的過程。

我們確信「愛」是教育的主導力量，願以身教言教的方式，互愛互敬的態度，師生共同追求成長。

我們尊重學術自由與自主，並相信知識使人明理，明理使人自由。

我們相信踐履篤實的教育方式是尋求真知的途徑。

我們深以虔敬上主、摯愛國家、敬業樂羣、崇尚簡樸的傳統校風為榮[3]。

這些教育理念體現了一種包含我與自然、人性、知識、國家、社會的愛的關係的真知實踐精神，也說明中原教育致力追求愛與真知的世界觀——正如耶穌基督的教導：「我是道路、真理、生命」（約翰福音 14:6）、「你們必曉得真理，真理必叫你們得以自由」（約翰福音 8:32）、「我賜給你們一條新命令，乃是叫你們要彼此相愛。我怎樣愛你們，你們也要怎麼相愛」（約翰福音 13:34）。耶穌的教導指出基督徒以基督為中心的愛的世界觀，以及透過這個世界觀所必須恆加持守的基督之愛的誡命。因此，上帝之愛與回應上帝之愛的誡命，如何透過教育傳達真知，也是基督教大學有別於一般現代大學的使命之一。基於此使命，基督光照之下的教育理念強調的不只是專業，而是一個「人」如何透過教育成為有人性尊嚴、有專業知識、有自我肯定、有意義價值、有真理追求的

---

[3]　中原大學教育理念。轉引自〈訪問中原大學校長——中原大學全人教育〉http://tx.liberal.ntu.edu.tw。

「完整」的人。

　　完整意謂整全，而不是單面向的完全或是程度的完美；強調的是一種在愛中所形成的和諧關係，目的在於擁有美滿圓融的人生。美滿圓融在中國古典文化的表現圖形符號就是一個圓。以下如圖所示[4]：

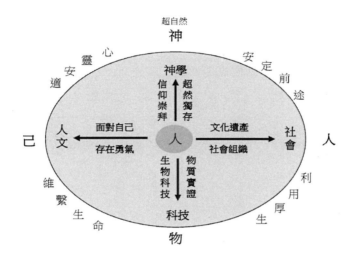

美滿圓融人生示意圖

　　在這個圓中包含了我與世界之間的四種向度關係。這四種向度分別為超自然的神、社會的人、科技的物、人文的己；構成我與哲學宗教／終極靈魂、我與社會關係／文化歷史、我與物質世界／生物世界、我與人文世界／精神世界的關係；唯

4　轉引自林治平：〈中原大學實施全人教育之理念與實踐之研究〉，收錄於《全人教育國際學術研討會論文集》，頁 358。

有在這四種關係中才能知道人是什麼？我該成為什麼樣的人才是真正的人？正如林治平所指出：「我們的人生需要一個圓，教育的目的是把我們放在這一個圓中，平衡發展，追求美滿圓融的人生。這就是全人教育理念[5]……。」

簡單地說，「全人教育」就是一種將「人」重新找回來的內部建造工程，透過教育的「成人化（Humanization）」意識與功能，認真提問「人是什麼？」、「我是誰？」，將「我」與自己、與社會、與上帝、與其他人的相對位置找出來，追求、並成就一個圓融美滿的人生。

全人教育的理念既然追求與成就人的整全性與美滿圓融人生，如何落實也就成為全人教育推行的基本原則。當時中原大學張光正校長提出「四平衡」的教育執行概念，成為重要的原則施行方針：

一、專業與通識的平衡

專業是蘊涵執行之能力，通識是塑造包容的器識。面對未來多元詭譎的環境，專業與通識必須平衡，才能建構宏觀的架構，發揮綜效。大學生不能只有對專業知識的垂直鑽研，還必須有多元寬博的水平見聞。這樣方能在和人溝通時，迅速獲致共鳴，進入不同的思想領域，了悟不同的生命經驗，增進知識，調協人生。

---

[5] 林治平主編：《全人教育國際學術研討會論文集》，頁 360。

二、人格與學習的平衡

學術專業之教育雖然重要，但人格之塑造亦同樣重要，因為人格的偏頗，往往造成不安，輕則溝通困難甚者成為社會的亂源。如何卻除一己之見，從多角度、不同立場去思考、溝通，是中原的教育所要求的。在以團隊運作（Team　Work）為作業主導的世代裡，我們希望中原的同學們能以健全人格為經，豐富學養為緯，經緯綿織，形成競爭優勢的脈絡。

三、個體與群體的平衡

在「團隊學習」的世界性潮流下，群我互動的關係益形重要，因此，個體與群體之間的平衡，實為今日教育者必須關注之主題。因為唯有經過良好的群體互動，學習才能更加順暢、更有效率。

在此原則下，本校之教育除學理知識之灌輸外，尤重服務回饋襟懷之培養，除鼓勵輔導學生參加社團，學習互助，增進領導能力外，亦極力參與社區、關懷社區環境；開放校園，與鄰居共享學校資源，形成校園文化，共享成長。

四、身心靈的平衡

身、心、靈的平衡是「全人教育」的基本理念，因此本校有設備完善之體育館、運動場、溫水游泳池，運動競賽風氣高昂；亦有超乎一般大學院校之醫療保健設施；並有最佳的心理諮商團隊，開放為全校師生提供及時的心理諮商服務；尤有

進者，本校設有校牧室，關懷全校師生對終極意義的追尋與滿足，協助本校師生獲致靈魂永生的平安，提供真正的全人教育[6]。

從這四個原則性的施行方針來看，中原大學的全人教育已經不限於古典博雅教育的知識學習，而是致力將博雅教育的精神，佐以務實的方向，融滲在中原學生學習過程的校園文化、專業文化、生命文化與教養文化，形成自然陶冶的環境文化，向著未來行進，追求更美好的人生。

第三節　擴散——臺灣通識教育的儒家人文脈絡發展與主體思維

臺灣各大學全面實施通識教育課程選修制度，開始於民國七十四學年度（一九八五年九月開學），在此之前，一九五〇年代的東海大學、一九七〇年代的國立清華大學、一九八〇年代初期的國立臺灣大學都曾提倡通識教育；一九九六年九月由大法官會議以教育部部定共同必修科之規定並無法源依據，「部定大學共同必修科目」正式廢除，各大學的通識教育獲得較大的推展空間[7]。

中原大學通識教育能在臺灣各大學通識教育改革潮流中

---

[6] 張光正、呂鴻德：〈中原大學教育理念形成、共識與擴散——科技與人文融合之觀點〉，《中原學報》26:4，1997 年 11 月，頁 1-8。

[7] 黃俊傑：《大學通識教育的理念與實踐》（臺灣：中華民國通識教育學會），2005 年，頁 2。

脫穎而出，與一九九一年張光正校長繼任後、全力落實全人教育理念，有密切關聯；張校長的魄力使得中原通識教育取得與專業教育同等重要的共識；通識教育不再淪為專業教育的附庸，也不再是有名無實的教育口號。從一九九五年四十週年校慶「邁向全人」，到二十年後的「全人典範」，透過「天、人、物、我」四大學習面所開展的全人教育思維與策略，不斷持續深化中原的通識教育。

中原以全人教育理念推動通識教育，不僅為臺灣高教體制的通識教育提供完備的基督教全人理念的理論基礎，透過實務層面的制度施行，功不可沒。對臺灣高等教育一向重科技、輕人文的偏差積習現象來說，中原大學全人通識教育的成功落實，有其基督教大學以其理念建立模式範式的貢獻意義。正如林治平教授所指出：

　　本校在發展通識教育的過程中，基於本校特殊的歷史背景，尤其是基督信仰中對上帝的敬虔，對人的尊重，以及過去數百年間基督教教育所累積的經驗……我們認為今天的教育被實證功利主義思想衝擊侵蝕，一切講求實利有用，連高等教育也在講求實利有用的壓力變成職業訓練……人的主體性完全喪失，人的終極關懷全遭漠視。……

　　通識教育所從事者，即在傳道，即在解惑，但傳道、解惑，都與生命直接有關，在傳道解惑的過程中，是一個生命（老師）碰觸到另一個生命（學生）的經驗。在原級關係中，一個生命對另一個生命的接受是一

種完全的接受……

中原大學推展通識教育就是從這樣的理念出發，人的重要性、人的絕對價值是我們關心的焦點……

本校的通識教育便自然的以「人」為核心，逐漸形成了以全人教育為本的通識教育內涵……

我們認為通識教育應是成為一個「人」的教育課程，因此，我們希望藉著統整的課程設計，引導受教者認識自己在天、人、物、我間的定位；洞明古往今來歷史的律變；進而產生恢宏的人生器識，樹立卓特不移的品格論見。同時，本校的通識教育也希望提供一個統合整全的知識系統；培養學生統整的人格、寬闊的胸襟與視野。簡言之，本校所推行的通識教育其目的在提供一個全人發展的理想空間；幫助受教者尋找人在時空中的定位，從而知道如何自處、如何與他人相處，享有存在意義，具生活能力[8]。

因此，以「人」的生命關懷為中心的「全人」教育，強調的是一種有尊嚴、意義導向的生命成長體驗，在意的是個體生命的整全性、生命與生命之間的主體接受，並且提供現代大學教育必須預備的系統通識化課程。以「人」為主體的全人教育的思維體系，不僅向內致力於個人身、心、靈均衡發展，對外更是追求「天、人、物、我」的圓融；不僅沒有西方現代大

---

[8] 林治平主編：《全人教育國際學術研討會論文集》，頁 369-371。

學獨專知識體系的弊端，還透過天—人—物—我關係網絡的宗教—社會—科技—人文的世界觀架構中，要求安定發展、利用厚生、維繫生命、心靈安適等倫理建構。

　　以下是中原全人教育的核心圖：

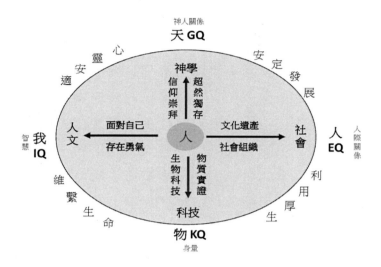

　　為了更能將全人教育理念普及校園與持續深化，中原大學從一九九五年八月經校務會議通過，正式將原本負責通識教育的共同科升格為一級單位的人文社會教育中心，並在學校最高決策者校長領導下，與各級主管通力合作。除了理念的推廣之外，將原本屬於部定共同科的課程以系統方式的通識化方式施行。中原大學之所以能以全人教育為本，貫徹課程設計改進、創新與多元化發展的實踐精神，成為中原大學推行全人教

育的重要推手。

　　中原大學全人通識教育課程的建制主要是以天、人、物、我四大學類體系為特色，在整體課程類項方面歸畫到目前為止包括：英文、英文聽講、體育、環境服務學習的基本知能課程；以活潑、豐富、多元化藝術人文活動進行潛在課程擴充學習；以天、人、物、我四大學類規劃的大一至大四基礎必修課程與延伸選修課程。基礎必修天學課程有宗教信仰與靈性關懷向度的宗教哲學、生命意義與價值判斷向度的人生哲學、哲學與思考、價值判斷與分析；人學課程有公民素養與社會關懷向度的臺灣政治與民主、法律與現代生活、當代人權議題與挑戰、生活社會學、全球化大議題、經濟學的世界，歷史思維與多元文化向度的區域文明史、文化思想史；物學課程有自然與科學向度的自然科學導論、生命科學導論；我學課程有情意與美感向度的文學經典閱讀、溝通與表達的語文與修辭。延伸選修課程為基礎必修課程的進階課程，天學類以宗教信仰探尋、生命意義探索、價值現象分析等向度為主；人學類以個人與群體、社會與文化、專業與倫理、性別教育等向度為主；物學類以自然科學、身心科學、永續發展、科學跨領域等向度為主；我學類以自我管理、藝術鑑賞、文學賞析等向度為主。每學期通識教育中心都有相當豐富多元的課程，可讓同學依照自己的興趣選修；為方便同學選課，學校亦提供備有所有開課及相關資訊的「選課報報」刊物。

　　中原全人通識教育課程以全人理念為中心所發展出來的課程設計，從多元化到體系化，一路走來，有理論、有制度、有實踐，得到極好的認同與迴響，成為許多學校學習的對象，

一九九九年教育部甚至有感於各中學、大學紛紛起而以全人教育辦學方針的熱潮，提出「全人教育、溫馨校園、終身學習」的理念，作為二十一世紀臺灣教育願景。但是，在這個全人教育興起的效應過程，值得留意、但並不顯著的一個現象就是中原全人教育理念詮釋架構從對外發佈的神、人、物、己、到轉換建制的天、人、物、我。

這個現象首出在林治平所撰中原大學四十週年校慶記者會新聞稿的美滿圓融的人生示意圖中，四個信念網中之一所應對的超自然（神或上帝）──神學，但在建制的過程在時間進程中歷經天──宗教哲學、天學類的轉換。當然，這個轉換並不會改變中原大學作為一個基督教大學在基督脈絡之下的「全人」表述，也不會影響中原大學的基督教大學本質與其在臺灣之使命。可是，從「神」到「天」，就文字本身所連結的詮釋脈絡來說，卻悄悄地經歷了一個從宗教中心的表述思維到文化本位的世界觀理解的微妙敘述轉換。

這個轉換的合理性在於中原大學雖然是基督教大學，創校之初亦有強烈宣教精神，但建校過程的歷史發展卻朝向「致力於中國之高等教育」之現代大學體制──而非以基督徒為中心或宣教目的的體質學校[9]；事實上，後者往往因其獨立於國家建制而不為教育部所承認。不過，在課程實踐上，中原大學雖因臺灣發展高等教育的客觀環境而未能特別強調基督教的宗

---

[9]　中原建校之初，原由美籍賈嘉美牧師（Rev James R. Graham）發起，邀請當時任經濟部政務次長張靜愚先生共同闡劃，後賈嘉美牧師另於淡水關渡成立基督教書院。

教本位，但卻能將基督教之理念落實中原校園，使得中原校園的文化發展格局始終能在中國傳統人文、科學研究、基督信仰等三大視域的滲融高度中。這也是中原在全球化之後的世界高教競爭體系中保持競爭力的原因之一。此外，中原全人教育在天類課程仍保留創校之初即設立的宗教哲學與人生哲學，有別於一般大學的去宗教化的通識教育課程，中原大學全人教育對宗教教育的重視，以及透過宗教與哲學追求靈性與理性的均衡發展，可以看到中原從未忘懷其身為基督教大學的角色與任務。

再來，去宗教化向來是政府以國家介入高等教育的基本立場。這兩個原因使得中原大學雖然是臺灣高等教育最早高舉全人教育為治校理念、並以全人教育理念與理論執行通識課程改革與體系化的第一校，但是，很可惜的是，中原大學全人教育對臺灣通識教育的效應所及僅在於「全人」兩字、或去基督教化後的全人理念與體系參考。在一九九○年之後臺灣通識教育全人化的潮流中，最令人注目、且產生更深遠影響的就是儒家脈絡下的全人教育理念。中原大學依其「基督愛世之忱」的創校傳統與精神，並在此傳統精神所發展出的基督脈絡的全人通識教育，如何回應同具理論深度的儒家人文脈絡的全人教育挑戰，也值得繼續觀察。

一九九○年之後所發生的通識教育全人化效應，與一九九二年教育部開始資助國內各大學推動通識教育改革業務有關。在一九九二至一九九三學年度內資助國立臺灣大學、國立清華大學、國立陽明醫學院及私立元智工學院；一九九三至一九九四學年度則資助國立藝術學院、國立成功大學、國立臺灣

師範大學、私立東海大學、私立輔仁大學、國立中央大學等六校，以後每年均定期資助各校之通識教育專案計畫[10]；中原大學部份則以「基督教與中國文化的研究與教學學程計畫」於一九九三年十一月獲「教育部大學院校人文社會科學教育改進計畫」，另有國科會於同年五月核准之「中原大學通識教育之理念與實踐之研究」計畫提供實證研究機會[11]。

在這波通識教育改革潮中，國立臺灣大學黃俊傑教授長達十多年兼具深度與廣度的參與，不管是實務經驗觀察、或理論建構、或深化實踐反思，都為臺灣通識教育或全人教育發展，提出極精闢的客觀現象分析與未來展望。尤其是針對學術界對通識教育研究橫面移植與西方模式模倣多於縱面繼承與中國典範創建、以及計量實證研究多於定性與本質研究趨勢傾向觀察，指出當時現階段包括臺灣在內的華人地區之多數大學推動通識教育的根本問題在於：理論的貧困，而以《大學通識教育的理念與實踐》專書，提出兼具傳統與現代意涵之理論及具體之工作策略[12]；以《大學通識教育探索：臺灣經驗與啟示》專書針對臺灣的大學通識教育改革過程中的重要課題，透過理念與視野、經驗與啟示、二十一世紀展望等論域，進行深層反

---

[10] 教育部資助各校資料，轉引自黃俊傑：《大學通識教育的理念與實踐》，頁2。

[11] 在此同時，潘正德副教授（現為教授）也以「主修應用科學大學生通識教育課程架構設計及教學實驗之研究」為主題進行研究；一九九四年，林治平教授提出中原校史之研究撰寫計畫；一九八五年再獲國科會支持進行「基督教文化與中國文化及臺灣歷史文化社會相關課程之課程設計及教材編撰學程計畫。林治平：《全人教育國際學術研討會論文集》，頁 377-378。

[12] 黃俊傑：《大學通識教育的理念與實踐》，頁 3-4。

思[13]。其中最發人省思的視野與洞見之一就是為了克服現代式「通識教育」或「全人教育」定義的侷限,他深入中國教育與文化的傳統,提出儒家人文脈絡的「全人教育」論理與觀點。他說:

> 傳統中國文化(尤其是儒家)定義下的「通識教育」或「全人教育」不僅是多面向而且是多層次的整全人格教育。這種教育不僅是要完成人的內在整合,使生理生命接受精神生命的統攝指導,完成身心一如工夫,更將內在修養呈現在外在形體身軀之上(孟子所謂「踐形」);而且,這種教育也要完成人與世界的貫通,因為儒家深信:如果不能從「自我轉化」通向「世界的轉化」,那麼他就淪為一個孤伶伶的個體……但如果人能完成「成己成物不二」的生命狀態,那麼他個人生命的意義與價值,就可以在群體的共業之中彰顯。更進一層來說,儒家式的「全人教育」更企求提昇人的境界,厚植並提昇的生命的超越向度,使人能在有限的生命中創造無限的意義。儒家定義下的「整全的人」,在多層次、多面向之間完成動態的連續體(continuum),它既是「身心連續體」(mind-body,又是「個人社會連續體」(individual-societal continuum),更是「天人同構

---

[13] 黃俊傑:〈自序〉《大學通識教育探索:臺灣經驗與啟示》(臺灣:中華民國通識教育學會,2003 年)。

之連續體」（homo-cosmic continuum）[14]。

　　從「我」所開展的身心—個人社會—天人同構的儒家人文網絡，是一個漸次由內而外的整合與溝通過程，體現了既內在又超越的特質。首先，個體以心攝身完成身心一如的主體要求，然後個體的主體向外與他者相遇又互為主體，建立責任關係；最後追求天人合一體驗的超越境界。在這個過程中，身心一如、成己成物不二、天人合一既相互關連又交互滲透：

　　（1）身心一如：人的心靈與身體不是撕裂而是貫通的，不是兩分的而是合一的關係；（2）成己成物不二：人與自然世界及文化世界貫通而為一體，既不是只顧自己福祉的自了漢，也不是只顧世界而遺忘個人的利他主義者，而是從自我之創造通向世界之平治；（3）天人合一：人的存在既不是孤伶伶的個體，也不是造物者所操弄的無主體之個人，而是「博厚高明」的超越向度的生命。從古典儒家的觀點來看，一切的教育必以拓展以上這三種人之存在的層面為其目標，此謂之「全人教育」[15]。

　　黃俊傑對「全人教育」所展開的身心一如、成己成物不二、天人合一等三個面向論點，基本上修正了王國維一九〇六年〈論教育之宗旨〉對「全人教育」定義僅具知情意與身心合一的內在統一性、而較少涉及人與世界（包括自然世界與文化

---

[14] 黃俊傑：《大學通識教育的理念與實踐》，頁 49。

[15] 黃俊傑：〈從古代儒學觀點論全人教育的涵義〉，《大學通識教育探索：臺灣經驗與啟示》，頁 2。

世界）之關係，以及僅著眼於人之作為主體，而未照顧到人之存在的超越層面的問題[16]，進而肯定中國傳統人文通識教育與現代大學通識教育之間的相關性，回應來自華人社會學術教育的三大批判——「中國」傳統教育對「臺灣」的大學通識教育實無參考價值、古代「傳統」的通識教育經驗足資現代大學借鏡不多、以人文為中心的傳統通識教育缺乏涵蓋「人與自然的關係」與「人與超自然關係」知識介面，並重申推動傳統智慧靈感對推動大學通識教育的必要性，以及論述中國傳統人文通識教育內涵的通貫性與本質性，提出師生互為主體性（inter-subjectivity）的教學方法、重視「校園文化」、以及對現代啟示與落實方案。

此外，黃俊傑還同樣針對通識課程的三種理論：精義論、均衡論、進步論，分別指出其潛在的「文化唯我論」（culture solipsism）、通識教育被矮化為補充教育（general education as remedy）、缺乏時序宏觀與工具主義等問題，進行深入討論與批判，並從臺灣與世界雙重視野提出「多元文化論」的新理論，要求大學通識教育課程設計與教學內容的「多元主體並立」新精神，並以思想體系、族群、社會階級作為文化主體的互為主體性作為具體實踐內涵[17]。

黃俊傑站在傳統與現代、臺灣與世界的時空視野，透過對傳統批判的繼承與現代的轉化等思維論述，提出「身心一如」、「成己成物不二」、「天人合一」的儒家脈絡下強調主

---

[16] 黃俊傑：《大學通識教育的理念與實踐》，頁 49。

[17] 黃俊傑：《大學通識教育的理念與實踐》，頁 135-174。

體自覺的全人教育理論，以及在「傳統」基礎上提出「多元文化論」的宏觀主體論述，充份體現從傳統儒家內聖外王思維轉化而來的現代通識教育理論意義。

對傳統批判的繼承與現代的轉化的思維論述，重新將傳統儒家知識份子主體養成的論理與實踐，從個體到主體到關係主體的互為主體性，不管在與自己互動、或和他人互動、或與環境互動，要求的並不是自我中心或自我完備的存有狀態，而是在一種平等的關係上，透過不斷反思，而與「我」、與「人」、與「天」之間得以在時空間的連續性上維持和諧的動態發展。

從黃俊傑所提出的儒家脈絡的全人教育與主體思維的世界觀，再回過頭來省視中原大學的基督脈絡的全人教育觀，會發現兩者都同樣關心教育中的主體性建立問題，較為不同的是，前者從傳統人文知識典範的現代意義開發為起點，正如明末大儒黃宗羲之言「大凡學有宗旨，是其人之得力處，亦是學者入門處」；而後者則從現代、後現代社會文化的全球脈絡切入體制化對人的獨特性（ uniqueness ）與主體性（ subjectivity）的失落，重新為上帝找回失落的人。兩者都從各自的思想資源各自展開對「全人」的整全關係論述。

而不管是基督脈絡下的天（神）人物我關係的均衡圓或是儒家人文脈絡下的身心、個人社會、天人同構的動態連續體，都是強調多面向、多層次的整全人格的教育，但是，兩者的「人」所對應的內涵卻因各自所援引的思想資源，皆有非常不一樣的思維。

首先，儒家的人文思想是以道德為中心，除了不受生物

本能限制的高等智慧之外，道德是人與地球其他生命體最大的不同之處。儒家人文的理想就是要培育出內含仁心而形禮於外的道德主體者，黃俊傑所提出的身心一如、成己成物不二、天人合一的教育理論，基本上就是發揮古典儒家道德化的人文教育精神與旨要。

道德價值認同的根基在於道德自覺，自覺在於「心」的開啟，因此，正如黃俊傑所指出「孔孟及其他古代儒家論教育，首重開啟教育者的『心』之價值自覺，培育『心』之價值判斷能力，由此建立『心』支配『身』的理論基礎」[18]，然後透過個人道德主體的向外擴充，啟動群己關係之間的社會道德關係——即盡己、己立而立人、己達而達人，最後還要追求道德主體的超越性，與道德化的宇宙共感同化而達天人合一。在這個簡化的儒家自我成長敘述中，我們發現道德中心的世界觀中，強調的是啟迪以心攝身的「人」為教育目標。教育本以人為本位，但該以怎麼樣的人為藍圖？則成為教育敘述的不同內涵。

中原大學作為基督教大學，也有其對「人」的價值理念認知。與儒家人文脈絡不同的是，儒家強調以人的道德主體與其內在超越性，而基督教則認為人的存有性不僅於此，在此之上還有一位創造宇宙萬有的獨一真神的上帝；人之所以尊貴是因為人是按著上帝「形象」被造。基督脈絡下的全人是以上帝而來的榮光與全真全善全美本質而展開，也是人之尊嚴與價值的根源。

---

[18] 黃俊傑：《大學通識教育探索：臺灣經驗與啟示》，頁 4。

　　這說明了基督脈絡的人的主體性，是以對上帝的認識開始——而非人對道德良知的自覺心。上帝的創造與人的受造是人認識自己的起點，因此，對人的描述也有了完全不同於儒家性善道德主體與教育思維，強調的是「認識耶和華是智慧的開端」。在這個基礎上，上帝與人分別作為具有創造本質的主體與受造本質的主體而存在，但人有上帝的形象與榮光，則是人與其他生命體不同的獨特性。

　　從上帝形象與創造所啟動的人對自我的認識與描述，成為人生而本有的基本尊嚴與價值基礎，因之，人對追求上帝的聖性不具是身與心的義務，也包含靈性的必要性。從上帝創造而來的人觀，應用在教育理念上，則會發展出與儒家以心攝身不同的價值認知觀點——強調身、心、靈的平衡。身體、心志、靈魂是基督教脈絡之下理解「人」的三個面向，也構成了「人」的總合。中原落實全人教育的四個平衡之一就是強調身、心、靈的平衡。中原大學的全人教育則以具有上帝形象與榮光的人作為回歸教育的本位思考，也因之而有「找人」的教育行動。

　　然而，儒家脈絡的全人教育如何回應現代社會的困境，也讓人體會到儒家道德主體作為人之本位、本體所能發揮的深刻反思能力。正如黃俊傑所言，臺灣的大學教育在「民主化」與「資本主義化」兩大困境之下，脫困而出的策略正是回歸教育本位；大學通識教育的改革是大學教育改革的重要策略。因此，他提出一個很重要的原則——大學通識的定義：通識教育是建立人的主體性，以完成人之自我解放，並與人所生存之人

文及自然環境建立互為主體性之關係的教育[19]，並進而指出：
所謂的「通識教育」就是一種建立人的主體性並與客體情境建
立互為主體性關係的教育，也就是一種完成「人之覺醒」的教
育；「通識教育」就是一種朝向完整人格的建立，促成人的自
我解放的教育[20]。

第四節　期待臺灣高教體系的「全人」對話

中原大學是臺灣最早倡導「全人教育」（holistic
education）理念與付諸實踐的大學，自一九九五年四十週年校
慶正式宣告「中原四十，邁向全人」以來，透過「天、人、
物、我」四大類域的課程設計，以及將課程從教室延伸至校園
的校園全人化行動，全人教育的思維與策略一直是中原能從不
斷精進、與眾不同的主因之一。一九九九年教育部受到中原
「全人」理念治校辦學的感召，甚致提出「全人教育、溫馨校
園、終身學習」作為二十一世紀的臺灣教育願景。

中原的「全人」的「找人」教育行動從「我是誰？」、
「人是什麼？」展開，透過專業與通識、人格學習、個體與群
體、身心靈等的四大平衡的執行概念，展開天（神）、人、
物、我的四大學類的系統學習，中原大學的全人教育對臺灣高
等教育發展有其卓越貢獻。中原「全人」所強調的人的整全性
來自上帝的形象與榮光，背後含育了基督教大學最重要的使命

---

[19] 黃俊傑：《大學通識教育的理念與實踐》，頁 257。
[20] 黃俊傑：《大學通識教育探索：臺灣經驗與啟示》，頁 84-85。

與任務之一──認識上帝與祂的真理。

　　雖然，中原大學基於臺灣高等教育發展中去宗教的客觀環境限制，不能以宗教中心的思維方式發展，但是，透過基督教的人觀所發展的全人教育理念，中原大學的「找人」教育行動，以四大平衡執行概念，充份落實在全人通識教育的發展。全人教育理念的完備與實踐，不僅使得中原大學獲得極佳的表現與讚譽，也在臺灣高等教育的通識教育的改革潮中，成為各方矚目的願景學校。中原大學的全人教育理念的成功，也刺激其他來自非基督教信仰資源對全人教育理論的思考與建構。其中，最值得留意的就是臺灣大學黃俊傑教授從中國傳統文化思想資源、所提出的儒家人文脈絡的全人／通識教育。

　　儒家人文脈絡的全人／通識教育從心的自覺強調主體性，以及內聖外王所推延出個體與他者之間互為主體性的建立，要求「身心一如」、「成己成物不二」、「天人合一」的整全面向發展。相對於基督教信仰資源的神—人關係的上帝中心，基督教對於人有上帝形象與榮光的普世「人」的價值，以及從基督教脈絡之下的人的普世價值與從其而來的人權認知，儒家人文中心的人的主體性開展，確實比基督教神一人關係之下、神的主體性與人的主體性問題以原罪與救贖結構所開展的辯證性，更好理解。然而，如果以全人思維與天人物我面向所展開現代知識的鏈結來看，也會發現其中「基督教」與「現代知識」（包含各種思想、文化、社會制度等等）之間的關聯性。這是儒家人文脈絡之下的全人理念與理論建構所難以企及的優勢。基督脈絡「全人」、儒家人文「全人」在臺灣通識教育理論建構的持續深化與對話，仍有極大發展空間。

貳 分論篇

通識教育的跨域實踐

第一章　網路資源整合概念圖與文史批判思維教學策略

本章概述

　　網際網路科技的普及促成知識的經濟化運作模式，以歷史的數位典藏管理為基礎所發展出的歷史教學思維，也更漸次傾向於培養學生資訊擷取、應用與分析能力。其中，2005 年國立清華大學申請數位典藏與數位學習國家型科技計畫〈以葉榮鐘的史料豐富國高中的臺灣文史教學——建置互動式大事年表及概念圖〉，提出互動式年表與概念圖系統的應用模式設計，以達符合文史學科的知識本質與教學需求。本章擬從概念圖系統與大事年表系統中的構思建置，以及設計意圖的概念理性與實踐，探討其中的知識運作思維，以及整合此教學模式所可能發展出來的文史批判思維教學。

第一節　網路化資源應用

　　以網路化資源整合概念圖系統運用在歷史教學，作為一種輔助性的學習工具，絕對有其效益。因為概念圖可以將各項歷史事件，不必以時序中的文字敘述方式去理解彼此的關聯性，而是可以直接將所有歷史事件在一個網路界面的平面體上，以圖式化的方式展演開來。在嘗試展演的過程中，每個操

作者都可依自己的理解，建立起自己對歷史事件如何串起的關聯模式，並嘗試如何解釋自己建立的關聯模式之中，學習到歷史事件之間存在著因果的關係性與互相解釋的可能空間。

從這個觀點角度來看，教師可以利用概念圖作為自己組織教學的輔助教具，學生也可以利用概念圖練習自己在課堂所學到的內容——包括以記憶再現的方式複習老師在課堂展演的教學內容、或是嘗試以重組排列方式嘗試建構自己的解釋模式與敘述。因此，不管是教師或學生都利用概念圖作為組織教學的相關資源工具，而無論是教學或學習，如何協助教學者或學習者展示歷史事件等實質知識內容、或從展示過程演繹出如歷史因果解釋／詮釋等更抽象的知識結構，確實可以成為提供教學者對教學需求的有利教具，或是讓學習者對文史學科的知識結構，可以透過教師展演引導與自我探索等多重可能性的學習過程，漸次體會文史學科的知識性本質。

在上述的觀點中，我們會發現，網路化資源整合概念圖系統之所以可以滿足教學者或學習者的個人需求，是因為概念圖的建構形式，可以將原本只能透過純文字敘述的解釋方式，轉化為平面化圖示的解釋模組；但是，這也意味著概念圖系統本身是作為一種「理解工具」，是一個作為可以承載建構「歷史知識的客體」，而不是「建構歷史知識的主體」。

這個觀點同時顯示了一個教學與學習關係中很重要的事實：在歷史教學（包括學習）的活動中，處於中介位置的歷史知識的兩端，有教學者與學習者；教學者與學習者之間的關係可以是教師對學生的單向傳達、可以讓學生獨立運作、也可以是教師與學生的雙向互動、更可以依雙方在不同情境或需求或

目的之下而有不同狀況發生；教學者與學習者雙方對於建構知識並不是絕對的，而是有一個允許雙方都能提出屬於個人的建構過程、以及在這個建構過程所延展出來的個人解釋／詮釋空間。

這個事實說明了一個很重要的概念：文史知識的學習之所以遠較科學知識的學習複雜的理由之一，就是科學的知識對象是「物」；物只有屬性而不具意志性，因此物的存在有其客觀屬性，除非人透過想像或其他與人相關之指涉，物本身是不具有意志性與主觀性。但是，人文知識的核心是人，人有意志性、情感性；特別是歷史知識，不僅以人為中心，更是以人在時間的所有的活動紀錄；所以，歷史知識——就像大多數的人文學科而言，都是人為中心，且由人形成事被紀錄下來，成為歷史的敘述內容。歷史與敘述在被我們理解之先，其自身的存在都是以「時間」形式，作為其成為知識的基礎。

這意謂著，人的存在雖然包含時間與空間，但在歷史知識中的人的存在與紀錄本身，是先以時間性優先於空間性。這個觀點說明文史學科的知識本質是時間性為主，或是較精確地說，是以時間包覆空間而發生。再來，就是歷史知識在傳遞與學習過程，包括了知識的傳遞者、中介者的知識本身、知識的學習者。知識的傳遞者與知識的學習者對於中介者的知識，在概念圖的建立形式之下，都允許有個人的理解模式。

前述事實說明概念圖作為承載歷史知識建構的理性工具，有其允許教學者與學習者各自獨立的自由空間。這個優點指出，概念圖系統確實可提供使用／操作者能夠建構自己的歷史理解模型。但是，建構個人化的歷史理解模型並不等同於歷

史知識的建構，歷史知識建構必須以歷史的信度與效度為基礎。也就是說，概念圖作為傳遞或學習歷史知識建構的理性工具，重點並不是那些圖示的各種結構組合的可能形式，而是這些歷史知識如何在信度的基礎下被系統化，透過各種不同結構形式的自由運用，提供使用者建立個人化的可能解釋或詮釋效度。

因此，針對上述的前提，重新提問歷史教學需求所開發的網路化資源整合概念圖系統，其設計如何能夠符合文史學科的知識本質？並不能只從對概念圖建構形式之再檢驗等功能性的研究視角為核心，並認為如此就可以進行有信度與效度的形成性評量，而是必須重新納入歷史作為一種知識範疇的觀察視野。

檢視概念圖系統作為承載歷史知識的理性工具，是以如何的形式承載歷史知識的內容，以及並嘗試探之中所產生的可容度與局限性。本章希望能在前述的論述脈絡，以國立清華大學圖書館在 2005 年得到國科會資助的「葉榮鐘全集・文書及文庫數位資料館之建置」計畫，以及延伸於臺灣文史教學與學習的「以葉榮鐘的史料豐富國高中的臺灣文史教學──建置互動式大事年表及概念圖」計畫為實例，討論網路資源整合概念圖的數位化學習模式，在歷史教學中建構知識與反思知識建構的效度與局限性。

第二節　概念圖的架構思維與歷史教學

　　「以葉榮鐘的史料豐富國高中的臺灣文史教學——建置互動式大事年表及概念圖」由國立清華大學教育學程中心所提出，屬於國科會數位典藏創意學習計畫之一，國科會計畫編號為：NSC 94-2422-H-007-002，結案成果被整合在「臺灣文史創意學習網」中。其目的在於：「希望能藉由互動式概念圖與大事年表的建置，將高中歷史課本中臺灣史內容的結構以視覺化介面在網路上呈現出來，並以此結構作為呈現這批史料的框架，讓這批史料與國高中文史教學更能密切配合，以發揮其教育價值」。因此，此計畫的定位是在於透過「互動式概念圖」與「大事年表」，提供歷史教學與葉榮鐘史料之間、具視覺化效果的資訊整合平臺[21]。

　　首先來看「互動式概念圖」的建置過程與使用理念。從執行成果來看，此計畫在內容分析上，因為了配合輔助中等教育體制教學的目的，所以並未訴諸建立（臺灣）歷史主體的價值理念，進行重要性客觀歷史事件的檢視與擷選，而僅將坊間市場流通較廣泛的高中職教科書版本——包括龍騰、南一、三民、泰宇為基底，將這些歷史課本裡各段歷史敘述找出關鍵詞（keyword），視為「概念節點」，作為繫聯概念圖的最基本單位。正如計畫所指出：

---

[21] 同註 1，頁 2-3。

　　在日據時代中，我們共整理出 899 個歷史概念（包括人物、物件、事件等）。其次，比較各家版本的異同，儘可能納入各版本的敘述與解釋。

　　再者，找出節點間的從屬關係，然後綜合歸納關鍵詞建立結構圖，規畫出目前歷史教學內容之最大範圍。然後，以一最適當的動詞來描述節點與節點間關係，讓「節點」「關係」與「節點」的組合形成一個敘述之最簡化形式（即一命題）[22]。

　　然後這 899 個概念再依其從屬關係，按「臺灣割讓」、「武裝抗日」、「非武裝抗日」、「殖民體制」、「戰爭期」、「社會文化變遷」、「戰後初期」等七大類別，進行歸納統整，最後定出如下的事件表：

臺灣割讓	・馬關條約・涉臺戰爭
武裝抗日	・臺灣民主國・漢人武裝抗日・前期 1895-1902 ・後期 1902-1915・噍吧哖事件・原住民抗日 ・早期原住民統治策略・霧社事件 ・日本鎮壓策略・三段警備制・匪徒刑罰令 ・警察制度・保甲制度
非武裝抗日	・六三法撤廢運動・新民會 ・臺灣議會設置請願運動・政治結社運動 ・臺灣民眾黨・地方自治改革運動・農民運動 ・勞工運動・共產運動・啟蒙運動・臺灣文化協會 ・設立臺中中學・臺灣議會設置請願運動（連版）

---

[22] 同註 1，頁 4。

殖民體制	・總督制度・放任及漸進主義時期 ・臺民國籍選擇權・六三法・高野孟矩事件・斷髮 ・放足・內地延長與同化主義時期・臺灣同化會 ・有限度選舉・基礎工程・建設・嘉南大圳 ・限制民族資本發展・米糖商品經濟 ・糖業獎勵政策・工業發展・總督府的教育措施 ・教育政策・初等教育・中學教育・高等教育 ・臺北帝國大學・原住民教育・書房義塾發展
戰爭期	・南進政策・南進基地化・戰時體制 ・戰時教育體制・社會動員・大東亞共榮圈 ・皇民化運動
社會文化變遷	・建築・戲曲・歌仔戲・音樂・創作歌曲・美術 ・美術留學生・文學・北部瀛社・中部櫟社 ・南部南社・文學改革運動・搖籃期・賴和 ・文本結構・高峰期・臺灣話文與鄉土文學論戰 ・戰爭期文學・社會階層的情況 ・現代觀念的養成・熱帶醫學・公共衛生 ・儒教運動
戰後初期	・臺灣光復・接收臺灣・二二八事件 ・二二八事件處理委員會・政府的善後 ・國民政府遷臺

　　計畫的首要任務，就是依照上述列表，以概念圖（concept mapping）的方式作為整合葉榮鐘史料的架構，並提供一個「教師教學─學生學習」的資源平臺。這個資源平臺所提供的概念圖可以作為教師教學的範本，教師可配合個人教學需要，在自己的線上虛擬教室修改此範本。另一方面，概念圖也能作為教師評量學生學習成果的工具，透過「填空題」、「連連看」、「選擇題」、「建構題」四種題型的設計，教師可以藉著讓學生完成某一概念不全的概念圖，來測量其對結構

性知識的記憶保留程度，或讓學生自由建構一張圖，以了解學生對此知識的認知狀況。

從上述系統建構敘述中，我們可以看到「概念圖」從繪製原理到實踐的完整的操作技術與應用過程，大致可歸納成「關鍵詞的概念節點──概念節點之間的從屬關係──概念節點／關係之間的群組化結構圖示（命題）」等現象描述。我們也可以發現到，「概念圖」之所以可以被運用在任一類型的知識範疇，背後同時所「預設任何的知識現象都可以被分解（／還原）為最小的單位」的原理精神。

因此，運用在歷史知識範疇時，是將複雜的歷史敘述（以六家高中職歷史教科書版本所規範到的內容為最大內容值）還原成最小單位的「歷史概念」（包括人物、物件、事件），再將這些最小的歷史概念，以「最適當動詞」建立其關係，然後統整為一個群組圖示結構的命題形式。然後，每一個以群組圖示結構形式完成命題的概念圖，就成為一個「知識模型」（a model of knowledge），進而提供使用者在線上自由應用的工具化效能，包括模效、修改、組裝、重建等。

所以，以概念圖的技術建構歷史知識的系統化，以視覺空間效應來說，從「概念節點」的「點」、到點與點間以「最適當動詞」的表述方式串連彼此關係的「線」、到「知識模型」的「面」，除「最適當動詞」可以判別出概念與概念之間（不精確的先後）時間因果列序，整體來說，其過程的建構思維是一種空間性的邏輯。

正如此計畫指出概念圖的繪製所依據的原理理論，是一種以「空間」為目的效果的視覺原則：

　　概念圖的製圖方式以完形心理學的視覺原則（Gestalt perceptual principles）為依據，讓節點的安排更符合人們視覺的習慣，即節點間儘量呈現「鄰近」（proximity）、「相似」（similarity）、「對襯」、（symmertry）、「平行」（parallelism）、「延續性」（continuation）等結構，以降低認知負荷與識圖壓力（Lambiotte, et al, 1989; Wallace, et al, 1998; Wiegmann, et al, 1992 ）[23]

　　因此，概念圖基於「空間性」思維方式的建構知識技術，是否能達成此計畫在「網路化資源整合系統與歷史教學」中所預期的多元史觀，值得繼續探討。首先，在西方，歷史作為一門精神科學（人文科學），是已然絕對確定的事實，這也意謂著歷史學科即具有自身發展過程中所累積的知識論與方法論，不管是歷史的客觀主義、實證主義到自我反思／實踐的存有論轉向的詮釋學理論，都可以看到歷史知識本身所呈現的複雜發展向度。而不管是客觀也好，主觀也好，除了知識認知過程中必然包含的所能理解與可以解釋的雙重向度外，不同角度所進行的歷史理解與歷史解釋，只要在符合已然確定的史實條件之下，都是可以成立的論述，甚至形成所謂的史觀。所以，史觀的多元呈現與發展可能，都不只是一種必然現象，而是在任一歷史知識被建構之前就已然隱藏的前提之一。

　　從這個觀點來看，計畫中的概念圖命題成立，即群組概

---

[23] 曾正宜：〈以葉榮鐘的史料豐富國高中的臺灣文史教學——建置互動式大事年表及概念圖〉，頁 4。

念節點的系統化，在被建構過程，同時可能因特定史觀認知或某些歷史條件的限定，而無法作到絕對客觀化的使用。正如計畫所指出：計畫小組所提供的是「參考範本」，在使用上仍然是朝向教師自由修改繪製的設計理念執行。但是，計畫也指出：概念圖作為文獻常見的前導組織、學習輔助、評量、合作學習、後設認知、課程發展、認知鷹架等功能，顯示概念圖在使用上，對於計畫者而言，仍是作為一種具有多功能性質的教學／學習「工具」，並使其能成為整合葉榮鐘史料的架構。

這兩者之間在認知與實踐上的間隙是：在實踐方面，希望教學者能接受概念圖系統的教學模式，認為群組化的概念圖系統（空間性思維）可以呈現知識到建構知識的視覺效果，強化學習者對於結構知識的學習；但在認知方面，計畫也提出概念圖僅僅是作為一種輔導性的工具，因為概念圖無法呈現歷史中的「時序」概念，而寓居於每個概念節點之內的豐富情節與景象才是歷史中最精彩的部份。

因而，前述認知與實踐的間隙反映在計畫上，則呈現出兩個操作面向上思維與實踐發展的矛盾：一、以概念圖的技術思維作為建構歷史知識的前提，忽略歷史知識本體的建立本身即有其思維形式與邏輯體系，以及此知識追尋背後所承載的意義與關懷；二、以概念圖作為批判性歷史教學與思考學習的思維方法與實踐基礎，未能區分歷史知識的理解本身即包含客觀史實與詮釋史觀兩種向度；概念圖作為一種輔助性工具，不管是應用在客觀史實或詮釋史觀，都有其運用的局限性。

首先，歷史知識範疇是以「人物」或「事件」概念作為客觀性史實的表述／敘述形式（或內容）的基本單位，而不管

是人物或事件都是在時間的進程中一一呈現出其「歷史內容」；也就是說，任何知識在建構過程已經有其既有的表述／敘述形式與內容，如果要將知識現象還原到最小單位的關鍵詞，必須在歷史知識的基本架構下處理。這意謂著，歷史知識作為一種精神科學（人文科學），在進行知識內容的技術性分類時，必須先確認此知識的特殊性質與構成的普遍性。

再來，人文科學不同於一般科學，其知識的建構基礎是以「語言（／文字）」形式，其概念的指涉即含括現象的「實質」與理念的「抽象」兩個層次，而不同於數學概念僅活動於抽象的理念界。歷史知識的複雜在於：歷史概念既可以指涉在某一時間與空間交集之下的特定人事物，也可以是經過現象描述後所帶有主觀認知的抽象理解。前者構成歷史知識的客觀基礎，屬於現象性的史實範圍；後者則延展出歷史知識的價值基礎，屬於詮釋性的史觀範圍。因此，我們透過概念圖「重現」歷史知識或表述歷史知識時，必須謹慎對此兩者之間的區隔與其相對應的關聯性。

進一步來說，表述歷史知識的形式既是「語言」，而語言既是使得理解、被理解、以及傳播等向度都能有效而發生的關鍵的話，那麼建構歷史知識的語言形式本身一定有其獨特的語法結構。如果以概念圖類比為一種語言形式，概念圖則是一種基於視覺效果的圖示語言，而概念圖中的階層式、檔集式、情節式等樣式，才是其表述概念的「敘述功能」——也就是圖示語言中的「語法結構」。

概念圖的設計來自於心理學理論的應用。階層式的概念圖樣式是由 Novak 與 Gowin（1984）根據 Ausubel（1968）在

概念間結構化分類定義下「要領概念」（super-ordinate concept）與「附屬概念」（sub-ordinate concept）組成知識結構的理論基礎，而設計出來[24]。這種階層圖的特色在於以圖表方示強調概念的分化作用，可由上而下、也可由左而右依序鋪陳。以語言概念來說，階層式概念圖是一種「將概念作出分類而將予之圖表化」的過程展示。轉成語言的敘述模式，階層式概念圖就是將一個概念依照不同屬性作出分類之後的再細緻化分類、並以圖表方式展現出來的效果過程。如圖一：

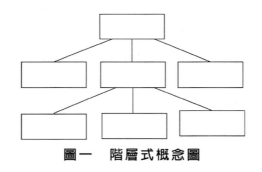

圖一　階層式概念圖

檔集式概念圖則是 Sternberg（2003）以強調語意學中概念間彼此觸發特質而來，不強調概念分類過程的層級關係，反之強調「對某一具體或抽象事物的構想（idea），且該構想能與多種屬性或其他不同的構想相連結」，是一種由一核心概念輻射而出的檔集（cluster）網絡[25]。轉成語言的敘述模式，檔

[24] 曾正宜：〈網路化資源整合概念圖系統運用在歷史教學上的理論與設計〉，《教學科技與媒體》2006 年 9 月，頁 70。
[25] 同註 6，頁 70。

集式概念圖強調的是概念的聯想作用，透過聯想，核心概念可以聯結起各種不同屬性、甚至不同範疇、但有相同指涉內容的其它概念。如圖二：

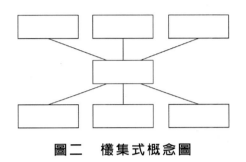

圖二　檔集式概念圖

但是正如計畫人在其相關研究論文所指出，上述兩種概念圖就學習歷史而言，是完全無法反映歷史學科中的概念本質，進而引進「情節式概念圖」（episodic map）（Denner, 1992；Schmelzer & Henson, 1989）。如圖三：

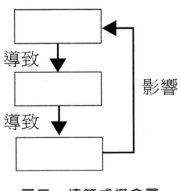

圖三　情節式概念圖

　　因為「一個歷史概念往往是由一群彼此之間存在著某些
獨特的因果與邏輯關係的概念、元素所組成，本身即包含了原
因、時間、經過、結果、影響、相關人事物等面向」[26]。情節
式概念網絡不同於前兩種圖式效果，而注意到「事件」或「人
物」在歷史時間進程中彼此交涉過程的因果邏輯關係，因此強
調的是「概念與概念之間的敘事效果」，透過「導致」和「影
響」的兩個動詞語式，我們這才看到概念與概念間的因果邏輯
關係，也顯示出是情節式概念圖作為一種圖示語言中的「結構
性語法」基礎，並不是圖表的空間性，而是語言文法結構所含
括的因果與邏輯思維。

　　所以，我們可以知道歷史知識的因果邏輯之所以可被理
解、被理解或傳播的關鍵仍是在於「語言」本身的「敘述」效
果，「敘述」才是作為歷史知識的因果邏輯關係學習，以及整
合歷史知識的結構化與系統化的關鍵性「思維形式」。

　　從這個觀點來看「歷史知識」的建構核心是以「歷史敘
述」為基礎，而每一個歷史敘述在史實與史觀之間、即有其自
身所包含的因果關係、以及與之概念之間相繫聯的結構存在的
特質。歷史的敘述是一種建立在時間進程的語言形式，因此涵
蓋了時間與空間雙重屬性。人活動其間，既探求人類過去經驗
的各種真相，也包含人類在現在對自我個體與總體的認識，甚
至推探未來的可能發展。

　　歷史思維是一種極特殊的思維方式，這是每一個歷史教

---

[26] 同註 6，頁 71。

學者與學習者都必須雙向體驗到的基本認知。概念圖的理念與設計之所以可以運用在歷史教學上，是因為歷史敘述本身即有其自身所包含的邏輯因果，並不是因為概念圖才能被建構出來。概念圖只是作為一種可以「圖示」歷史知識的有限性工具，其設計理念的工具理性也不能替代歷史思維的學習。

　　再來，就是要理清概念圖中的結構建置，那些是我們所謂的史實，那些是在史觀影響之下的歷史條件分析與解釋。史實是屬於歷史的客觀知識範圍，史觀則是歷史主觀知識範圍，歷史知識之所以能理解與被理解、甚至被傳播，史實與史觀之間的複雜糾葛，也涉及到對知識本體與知識主體的不同認知，並涉及到哪些史實是重要的，而哪些史實需要用哪些敘述方式「再現」其因果關係、甚至解釋、進行評價之。

　　從概念圖的建置來說，應該是以歷史知識實體已然既有的表述概念作為思考主軸，而不是依循概念圖的技術思維、將歷史知識重新拆解成最小單位後再依其從屬關係重組。也就是說，重要的歷史事件、以及人物在以概念圖被呈現出來之前，在時間上已經具有因果序列的關係條件，而事件、人物之間彼此關聯性的結構，則在符合時間的因果序列關係中，是可以依循其不同角度或範圍被排列出來概念圖作為一種可被自由應用的「圖示表述」的技術方式，其思維是空間性；表述歷史最重要的技術方法是「語言性敘述」，語言性敘述是具有時間意識，時間的流動性可包含空間，但空間卻不包含時間。因此，概念圖只是作為一種輔助性質的工具，概念圖系統的理性工具思維不該作為歷史教學計畫的主導者，穿透知識實體所建立的知識主體精神與理性思維，都必須在知識教學的實踐中不斷重

新被喚醒；概念圖就像是敘述語言一樣，都是一種在教學過程可以提供理解歷史的「再現」方法，但較之敘述語言而言，是不具時間屬性的辯證性，而僅具有空間屬性的系統性。

概念圖思維運用在歷史教學，只能是一種「表述」知識的方式，而不是一種「建構」知識的方式。建構知識的框架與基礎是（語法結構的）語言邏輯與數學邏輯。以概念圖展現歷史知識的建構企圖，則是一種運用空間性思維重整／再現歷史知識的技術。然而，概念圖的使用往往也會因不同的使用者在不同條件或不同理解觀點之下而有不同的結果，這是因為人的有限性與語言的有限性，使得歷史永遠都難以還原到最初的完整真相。因此，從知識的理解效應來說，概念圖作為一種在深度與廣度都無法與歷史敘述相較的技術而言，都不適合將概念圖的工具理性等同於足以整合網路資源與歷史教學的方法論。

從這個觀點來看，此計畫在網路化資源平臺的設計，以概念圖作為整合網路化資源平臺的建構系統、以及運用在歷史教學設計，都可以看到科技教育知識在教學資源上的回饋。但在實踐過程，概念圖卻不只作為組織教學相關的工具，還預設概念圖可以協助學習者整合抽象知識結構、以及實質知識的內容理解的理性效應。這個預設顯示概念圖不只作為教學的工具，概念圖本身即具有「知識建構」的效能，可以作為教師教學活動與學生學習的一種方法論。

然而，如果歷史知識實體的構成基礎若在於史實的話，那透過史實的反思而建立的史觀意識，可以說是歷史教學中最有價值的知識傳播效應。從此觀點來看，概念圖運用在客觀知識學習的史實範圍，其作為教學引導、回顧、或重現既定歷史

條件之下的內容，其達成效應的爭議性應該不大，但對於幫助
學生養成或建構敏銳的歷史意識或提供對歷史觀察的反思能
力，概念圖作為一種技術工具的方法論，真能取代歷史知識以
敘述／詮釋作為一種主體技術的方法論，恐怕仍需謹慎對待。

第三節　大事年表系統、歷史意識與批判的歷史主體

　　大事年表系統的建置是概念圖系統之外，另一個真正涉
及到葉榮鐘史料運用的資源系統。大事年表在網站的規劃主要
是將日治時代自臺灣割讓起到戰後初期國民政府遷臺的歷史大
事，與葉榮鐘日記依時間順序列在同一時間軸上，並輔以大
陸、日本、世界事件為參考之用。

　　大事年表系統的建置概念是：以時間軸貫穿概念圖中的
概念節點（歷史事件），除附加說明區對該事件的補充說明資
料外，還有兩種聯結：一是概念圖（點擊後會展開與該事件相
關的概念圖）；一是參考文件資料（點擊後會展開葉榮鐘的數
位史料或其他相關網路資源）。而在所有大事的下方還另有一
月軸，用來呈現葉榮鐘的日記之用[27]。

　　概念圖與大事年表是此計畫最關鍵的建置與使用系統。
此計畫的構想是以概念圖為主、大事年表為輔，兩者可以相互
參照，並在此基礎上，試圖提供教師互動教學或學生互動學習

---

[27] 曾正宜：〈以葉榮鐘的史料豐富國高中的臺灣文史教學——建置互動式大事年
　　表及概念圖〉，頁6。

的網路平臺資源。有趣的是，這兩個系統在計畫中的主、輔關係，以及背後所涉及處理知識的思維方式，剛好可以作為一種對照。

正如本章節前述，概念圖背後所涉及的是一種以空間性的思維技術方式「再現」歷史知識的理論系統。大事年表的設計理念不像概念圖那麼曲折，而是直接回到歷史敘述本體──歷史事件的思維方式，並以歷史的時間進程作為貫穿這些歷史事件的主軸線。因此，歷史大事年表系統的設計在本質上是相當符合歷史敘述的時間因果序列，並在歷史知識的認知上，提供了兩種具有參照性的歷史敘述方式──一是葉榮鐘先生的數位史料與日記，一是臺灣與大陸、世界的重要歷史事件。葉先生史料作為系統的主要歷史敘述內容，歷史大事則是作為葉先生活動於其間或成為觀察對象的歷史時間參考指標，這樣的參照設計，可以清楚展現出葉先生對這些歷史事件或在這些歷史事件或置身於事件與事件之間的歷史時間之流中的意識與精神狀態紀錄。

歷史事件作為一種客觀性史實，在時間序列上提供了清楚而具體的歷史進程發展向度。人在歷史時間之中，既是參與其中，也同時保持一種特定性的理解的距離（即視域）。在這個觀點之下，葉先生所留下的史料，既是作為獨特之個體，也是作為其世代知識份子群體之其中一員，是有其深刻的歷史視域。這使得葉先生對置身於現時歷史的觀察、記錄與評論，本身就是一種極豐富的歷史敘述。其所展現的歷史視域不僅包含葉先生的個體性理解──個人脈絡的歷史存有向度，也包含葉先生這個世代知識份子的集體性理解──文化傳統脈絡的歷史

存有向度。當我們今天再一次進行對葉先生歷史視域的閱讀理解，表示我們的意識向著葉先生開放，而葉先生的歷史視域也同時進入我們的意識當中。這兩個向度交織成高達美（Hans-Georg Gadamer, 1990-2002）所謂的效果歷史意識。這是一種關乎詮釋學向度的主體性精神活動。

這是因為，葉先生對歷史現象的描述並不可能是一種純粹的科學的客觀性行為，而在描述的過程即含括葉先生作為其個體與作為其知識份子的高度歷史意識，這也是葉先生史料最珍貴的歷史價值所在——既是葉先生個人、也是作為世代知識份子在歷史「此在」的存有精神。然而，接下來的問題是，理解葉先生的歷史「此在」對我們來說是如何而可能？高達美提出「自身置入」、以及「歷史視域」的論點說明這種可能：

　　　　這樣一種自身置入，既不是一個個性移入另一個個性中，也不是使另一個人受制於我們的標準，而總是意味著向一個更高的普遍性的提升。這種普遍性不僅克服了我們自己的個別性，而且也克服了那個他人的個別性。「視域」這一概念本身就表示了這一點，因為它表達了進行理解的人必須要有的卓越的寬廣視界。獲得一個視域，總是意味著，我們學會了超出近在咫尺的東西去觀看，但這不是為了避而不見這種東西，而是為了在一個更大的整體中按照一個更正確的尺度去更好地觀看這東西。……歷史視域的策劃活動只是理解過程中的一個階段，而且不會使自己凝固成為某種過去意識的自我異化，而是被自己現在的理解視域所替代。在理解過程

中產生一種真正的視域融合，這種視域融合隨著歷史視
域的籌劃而同時消除了這視域。……這種被控制的過程
稱之為效果歷史意識的任務[28]。

效果歷史意識制約我們，使我們對歷史的理解並不是隨
心所欲，也不可能是隨心所欲。但是，這並不表示我們最終的
理解只能停留在歷史作品的歷史視域中，而是將我們帶著自身
前見的歷史視域、再次疊加並消融之後、繼續不斷地向前行進
的過程。歷史意識就是從這種意識到自己的他在性出發，並將
傳統的視域與自己的視域區別開來。另一方面，它又會自己產
生一種新的統整作用。歷史傳統之所得以建立，就是依循這種
帶有存有意義、在歷史時間中不斷疊加消融、又疊加消融的詮
釋循環過程上。從這個觀點來看歷史教學，歷史教學工作者的
教學內容如果是以客觀的史實知識為基礎，其講授內容在講授
的過程中，就一定包含著教師自身的理解，甚至詮釋。

個人的理解與詮釋雖然都受到效果歷史意識的制約，但
因為包含著個人理解前結構的歷史視域在內，也使得解釋歷史
或詮釋歷史在其對應的歷史傳統脈絡，仍存有個體性的差異。
當然，各自不同的歷史視域總是對應各自不同的歷史傳統脈
絡，進而也有各自不同理解向度的解釋與詮釋觀點。以臺灣文
史教學內容來說，臺灣「鄉土」與臺灣「本土」的歷史解釋／
詮釋就是很好的例子。

---

[28] 高達美：《真理與方法——哲學詮釋學的基本特徵》（臺北：時報文化，1993
年），頁 399。

　　再來，教學過程所形成的聯結，並不是一種教師、學生、知識互為他者的客體性關係，而是三者可形成互為主體架構的對話關係。學習者的主體與教學者的主體在歷史知識的傳統之下，都有其在理解與詮釋的對應位置，這不只是歷史教師應有的知識倫理認知，也是其他人文科學教師所應體認到的專業倫理素養。也就是說，教師對專業知識的掌握——包含理解與詮釋，對學生來說，不僅是一種引導的過程，也同時可能會使學生產生對此知識學科價值認知的影響。

　　回到本章的基本關懷與提問——透過網路資源平臺實踐文史批判思維教學的可能與不可能議題上。概念圖系統與大事年表系統的主、輔關係，雖有其背後所關涉的知識質性的思維問題，但並無探問孰優、孰劣的必要。從計畫初衷來看，兩個系統的建置開發，是為了豐富國高中的臺灣文史教學，而在計畫執行上提供「內容分析」、「系統建置」、「網站規劃」三個要點，目的在於提供教師與學生們一個視覺化資訊整合的介面[29]。

　　先不論技術開發與執行的層面，以「坊間教科書版本」作為此計畫內容分析的「最大知識範圍值」，而不是回歸到「歷史知識主體」的認知，則是有待商榷的思維考量。因為，如果從追求知識主體的思維方式出發，我們在衡量「最大知識範圍值」的時候，我們會問的問題是：「一個國、高中生在臺灣文史課程究竟應該學習到什麼樣廣度與深度的知識內容，才算是具有一定的基本歷史人文素養？」，此提問可以避免將歷

---

[29]　曾正宜：〈以葉榮鐘的史料豐富國高中的臺灣文史教學——建置互動式大事年表及概念圖〉，頁 3。

史知識被制約為教育體制的考試科目，使得開發歷史教學的設計方法，反客為主，成為引導歷史知識的目的。

再來，就是概念圖系統在虛擬教室的「範本」設計。計畫在執行過程的目標是希望依照其事件圖表的規劃各自繪製出參考範本，教師們可以將參考圖複製一份，然後在複製圖上修改，以作為與自己教學配合之用；並預設「所有概念圖」、「大眾圖」、「我畫的圖」、「大眾及我的圖」四類的資料圖庫；甚至以概念圖作為考題設計的評量工具[30]。

從工具使用觀點來看，概念圖系統確實提供不少便利，但從知識的傳播觀點來看，「範本」在概念圖形式之下所呈現的知識內容，似乎也成了教學者的「參考之後可供修改的範本」，而教學者可以具此版本再作為「測量其對結構性知識的記憶保留空間」。這個知識傳播的行為模式反映出一種「計畫小組人員─教學者─學習者」的層級式思維模式，以及在內容上呈現「範本─可修改的範本─可修改範本的再複製」的霸權知識模式。

本章節針對前述，在此提出的疑問是：如果此系統的知識範圍只是六家坊間教科書的版本，一個在國高中教授歷史的教師，其是否早已有具備足夠的專業能力，能自行根據其教授內容「說清楚、講明白」？如果答案是可以，那概念圖的系統化結構只是一種可茲參考使用的「工具」，既然只是「工具」，為何要在知識內容的認知與使用加以「規範」。這是以

---

[30] 同註 11，頁 7、13。

「概念圖」工具理性思維引導主體行為在教學活動或教源資源
設計,而在具體實踐過程上隱約已現、但尚未明確被指正出的
盲點[31]。

再回到大事年表系統所提供歷史大事與葉先生史料互為
參照的使用方式,以說明大事年表的系統建置思維。大事年表
系統並不作為主導教學內容之用,而是將葉先生的史料以「最
原始」的史料樣貌呈現,因之將閱讀的主導權交予使用者,讓
使用者在時間軸下自由進出歷史大事與葉先生的作品。當使用
者在使用這個系統之時,系統平臺的資料向著使用者開放,而
使用者也向著葉先生的作品開放。

從上述現象來看,大事年表系統在網路平臺的建置,反
而較概念圖系統更符合文史學科的知識本質。主要的原因在於
大事年表系統的設計並不企圖以形式性的結構去「建構」所謂
的歷史知識,而是採取讓「史料自己去說話」的操作策略。因
為葉先生所留下的史料,並不是其對所處歷史現象作一種純然
客觀的科學性描述,而是在描述的過程即包括葉先生自身對歷
史的理解、與歷史雙向互動後的反思。這些文字充份展現葉先
生在時代傳統之中,作為個人、作為集體世代知識份子的歷史
意識。這也是葉先生史料最珍貴的歷史價值所在——既是葉先
生個人、也是作為集體世代知識份子,在歷史洪流之變中對於

---

[31] 關於這部份所提出的觀察是來自計畫實施期間所辦的兩次研習會紀錄(同註
11,頁 28-30),以及計畫主持人發表論文所提到的教師使用成效經驗分享回
饋(feedback)意見內容敘述(曾正宜〈網路化資源整合概念圖系統運用歷史
教學上的理論與設計〉,頁 75-78)。

「此在」所作出回應的存有精神。

因此，當我們透過平臺閱讀葉先生作品的時候，我們即是進入了葉先生的歷史視域。這個視域包含了葉先生個人的理解前結構、以及先於葉先生所存在的時代性歷史文化傳統。當然，我們對葉先生的理解，也不會是全然客觀性的，而是在客觀性之中預設了我們自身脈絡的理解前結構。時代歷史文化傳統與葉先生、我們與葉先生與時代歷史文化傳統構成了一種交互理解的循環過程。

也就是說，葉先生對歷史的理解與詮釋、我們對葉先生歷史視域的理解與詮釋、以及我們透過葉先生歷史視域再反思我們現存的歷史處境，正如同葉先生當初所做的意識活動。也正如海德格所說的：「循環不可以被貶低為一種惡性循環，即使被認為是一種可以容忍的惡性循環也不行。在這種循環中包藏著最原始認識的一種積極的可能性。

當然，這種可能性只有在如下情況下才能得到真實理解，這就是解釋理解到它的首要的經常的和最終的任務始終是不讓向來就有的前有、前見、前把握以偶發奇想和流俗之見的方式出現，而是從事情本身出發處理這些前有、前見、前把握，從而確保論提的科學性。」[32]。歷史知識帶給我們最珍貴的不是記憶多少客觀事件，也不是提供多少對事件的解釋可能，而是一種對於個人或他人的「歷史的此在」的回應向度。

從這個觀點來看計畫中概念圖系統與大事年表系統的主

---

[32] 高達美：《真理與方法——哲學詮釋學的基本特徵》，頁353。

輔關係，可以很清楚對照出「透過概念圖系統的設計，可以符合文史學科的知識本質與教學需要」的預設前提的思維盲點，在於以「概念圖」的知識形式效應框架歷史知識，並可由此設計系統，提供一套標準化的教學模式或學習格式。不管概念圖系統可以作出多麼完整的解釋性的圖示結構，我們都不能忘記一個很重要的認知：我們對於歷史認識在本質上就有其限制。

　　從知識論的角度來看，歷史作為一種「科學」的知識範疇，是屬於「精神科學」或「人文科學」。從完形心理學理論所發展的視覺性與學習認知的概念圖「形式」，並不是我們之所以能「理解」歷史知識內容的關鍵。再來，從心理學角度追問歷史知識是如何而可能？這個提問雖然可以促使歷史人物與事件之間所存在的情境互動關聯，作為一種因果解釋／詮釋的基礎，但這個基礎是否能擴展到歷史的連續性，也有其必須面對的難度。

　　因此，回到文史學習與教學實務經驗，歷史知識對我們而言之所以可能，根本的問題會變成：從「我們是如何理解歷史」、「我們能如何理解歷史」、「我們該如何理解歷史」三個層次展開。「是如何」是屬於存有的問題，「能如何」是屬於知識的問題，「該如何」則是屬於倫理的問題。每一個問題都是大哉問，均已經超出本章所預設的討論範圍，但這三個提問可以讓我們體會到為什麼心理學不能作為建構歷史知識的理論基礎，更勿論從完形心理學的視覺理論所延伸的概念圖技術。

　　最後，本章提出的最後一個問題是：「建置互動式大事年表及概念圖究竟能不能達成多元史觀的知識教學／學習的目

的，並引導批判性思考」？從計畫實施過程所舉辦的推廣與研習活動相關紀錄來看，已給出引導批判性思考是有其難度的答案，但還是希望能從「建置互動式大事年表及概念圖究竟能不能達成多元史觀的知識教學／學習的目的」為思考起點，進而提問「批判的歷史意識究竟可不可能」？後者的提問較前者更接近人文主體者的思考角度與關懷。

　　「建置互動式大事年表及概念圖究竟能不能達成多元史觀的知識教學／學習的目的」這個陳述句的前提是肯定的基本論點是「歷史知識才是教學／學習的目的」。因此，大事年表與概念圖即使是「互動式」，也是作為一種「方法」的技術工具，不該越俎代庖，成為一種「可以建構歷史知識」的方法論思維基礎，進而從主體理性思維指出其理論依據與實踐上的盲點。不過，如果從「以互動式大事年表與概念圖作為輔助歷史教學／學習的技術方法」的思考出發，不管是概念圖系統或大事年表系統，都是有助於豐富網路化資源平臺的使用，值得研究開發。至於多元史觀如何被概念圖系統所呈現，則是每一個使用者在自己的前理解脈絡如何統一合於效果歷史意識脈絡後的現象——這個現象將是開放性，而不必要是規範性。

　　回到葉先生作品中的史料價值。如果可因此將葉先生作品視為是一種歷史性文本，那我們在理解的過程中，我們的前結構將透過葉先生作品效果歷史意識的調整，而又有了一個新的前理解。我們就在這種制約於效果歷史意識的理解／詮釋的意義運動中，不斷進行對自身前理解的調整，改變我們個人的歷史視域。正如高達美所說的「歷史視域的籌畫（調整）活動只是理解過程中的一個階段，而且不會使自己凝固成為某種過

去意識的自我異化，而是被自己現在的理解視域所替代」（頁
401）。

　　因此，如果說，「理解」本來就是一種自我分化而後再
進行統一的過程，那「自我異化」的現象是不能忽略而過。高
達美對此現象，是從哲學浪漫主義借用「成見」（prejudice）
概念，並用海德格（Martin Heidegger）的前理解概念重新詮
釋，並引入誤解作為理解的內在障礙說明。簡單來說，理解中
的自我異化現象的產生，是因為依循自己過去某一意識而來的
成見。但是，這個現象也會因效果歷史意識的制約前提，而得
到修正。這是高達美從呼籲西方當代重新詮釋的文化傳統所聯
繫的人文科學關懷而提出的詮釋學路線。哈伯瑪斯（Jurgen
Habermas）則從解放旨趣概念出發，訴諸批判社會科學，矛
頭指向制度的非人化，提出意識型態理論，認為誤解本身可以
通過隱藏的力量作用歪曲破壞溝通的可能性[33]。

　　如果以哈伯瑪斯從意識型態理論對高達美詮釋哲學作出
批判反思的起點，我們可以看到在高達美的歷史存有的詮釋學
循環論證中，從文化傳統在時間的延續性基礎上，理解人類的
存有處境，因而否認自我意識可以超越或是背離效果歷史意識
的可能性；但哈伯瑪斯卻致力從人類溝通行為在社會制度化過
程所造成規範內在化（internalization）的非人化發展，也就是
通過語言進入到工具主義行為結構中的異化現象，即語言理解
在溝通行動領域中結合暴力與權威而遭到扭曲的可能性。

---

[33] 里克爾：〈詮釋學與意識型態批判〉，收錄於《詮釋學經典文選（下）》（臺
　　北：桂冠，2005 年），頁 8-9。

對於高達美而言，理解的辯證性活動，是從自我意識統一於文化歷史意識的歷史時間的延續性中，提出存有意義；哈伯瑪斯卻從理解的辯證性中，看到語言本身的自我分裂作用在經驗意識行為時，在社會處境所造成的疏離間距，因而必須通過批判立場才得以修正。哈伯瑪斯的挑戰讓傳統詮釋學轉向批判詮釋學，在此不論，哈伯瑪斯對高達美的挑戰，確實也點出解結構也是一種理解之路的思考路徑。

因而，將之以提問於歷史教學／學習中的主體互動關係中，則會派生出一個重要的問題：批判的歷史意識是否有可能在「教學—學習」過程中發生，而不是一種意識型態。也就是說，葉先生作品在高達美的詮釋脈絡中的歷史效果意識，是否有可能在站在哈伯瑪斯的批判脈絡之後，我們也看到在政治社會處境的現實條件制約下，葉先生個人性或其世代知識份子集體性的意識型態，或是我們因之我們的成見誤讀／歪曲葉先生原初的語言意義，進而讓我們的理解變成是另一種意識型態災難卻不察？

這個警惕式的反省對於臺灣文史教學者而言，尤其不可不慎重。因為教學的過程包含學習者的主體與教學者的主體，這兩者都各有其在理解與詮釋的對應位置，卻又緊密交織在一起。也就是說，教師對於歷史知識的認知態度將會影響學生對於歷史的理解方式，甚至價值判斷。對此，並不否認批判的歷史意識在教學過程的不可能，但也注意到不同政治理念假批判歷史意識之名進行臺灣文史知識詮釋的暴力之實現象。回到個人的知識價值判斷對此的回應，或許讓文史概念優先於臺灣概念、文化概念優先於政治概念的價值信念，可以稍稍避免效果

歷史意識變成意識型態而不自知的困境。

第四節　文史批判思維教學的願景

　　歷史作為一種知識範疇，在知識論上是如何界定史實與史觀的認知問題，教者如何傳達，學者如何理解，都會涉及學習者對歷史知識的建構與反思。從存有論的觀點來看，歷史的知識主體是如何被確定出來、歷史的理解對我們來說如何而可能、甚至我們在這兩者之間所反覆擺盪進行的交互影響，會怎樣影響我們自身的存在／存有意識？以至於我們可以對我們自身之理解的有限性與從屬於此的歷史過程，作出基於自由意志前提下的意識型態批判是一種可能或不可能？也都關涉學習者能不能擁有建構歷史知識之後的主體能力，以及更能深入歷史知識本質的批判性思維。

　　前者的討論傾向於以概念圖的空間性思維建構歷史知識過程所產生的矛盾，以及此矛盾是否可能在歷史教學的過程中造成學習者的困擾？後者的討論則集中於文史教學的思維架構究竟該如何表述才是在較合理的狀態、抑或是才能達到較佳的互動模式？進而雙方都有能力去反思歷史教學中批判教學與批判學習的迷思與災難。

　　本章嘗試在討論 2005 年國立清華大學圖書館得到國科會（現科技部）資助的「葉榮鐘全集·文書及文庫數位資料館之建置」計畫、以及延伸於臺灣文史教學與學習的「以葉榮鐘的史料豐富國高中的臺灣文史教學——建置互動式大事年表及概

念圖」計畫中,認為教學主體在於教師與學習主體在於學生,
兩者之間的教學活動應該是在一種「我和你」的關係下,進行
理解與詮釋的雙向交流;教科書不是權威,學生的文史學習也
不是意識型態的角力場域;網路資源平臺所建置的概念圖,僅
僅是一種輔助歷史事件因果關係記憶與推論的理性工具;教師
在進行任何批判性思維教學活動之前,應反問自己:是否已經
做到足以引導(或訓練)學生對於建立歷史意識的自覺與進一
步的反思能力;而葉榮鐘先生作為從日治橫跨到戰後 70 年代
的臺灣典型性知識份子,其留下的觀察史料內容,不僅含括葉
先生的個人性歷史視域、也含括葉先生所代表的臺灣世代知識
份子的集體性歷史視域,不管對於教師或是學生來說,都是相
當珍貴的經典文本。

因此,在前述的觀點論述脈絡之下,我們需要正視的是
我們對歷史知識與技術知識之間的對應關係與對應位置。利用
概念圖作為組織教學相關資源工具,是否能協助學習者整合抽
象知識結構與實質知識內容的理解?本章的論證立場認為關鍵
不在於概念圖,而是語言——作為理解歷史知識的技術/工具
而言。因此,不管是以詮釋學理論的人文科學關懷向度,作為
解釋/詮釋語言的開展,或是訴諸批判社會科學的意識型態理
論,使語言的反思實踐高於制度化的解放目的,都可以看到語
言作為一種理解/詮釋歷史知識的溝通實踐過程的關鍵性。

所以,我們可以推論:歷史教學/學習對於歷史知識的
掌握,並不在於窮究其內容結構的完整性記憶,而是幫助學生
釐清、甚至訓練學生開發「理解」歷史知識的技術能力——包
括最基本的歷史事件在時間序列中的因果關係解釋範圍或向

度、甚至所引發的價值判斷；在教學程序上，如何幫助學生發展、建立對歷史知識內容「從記憶、到理解、到詮釋到批判、到反思批判」的理解層次，也是歷史教學者在專業倫理與專業知識上，都必須謹慎處理的課題。

　　最後，本章將從「如何在現有體制建立知識主體的認知、價值與反思」的提問，回到網路資源整合概念圖的數位化學習模式與文史批判思維教學策略的關懷上，認為透過網路資源平臺實踐歷史知識的基礎教學——也就是史實的信度與效度，概念圖系統作為一種承載歷史知識的理性工具，確實有其值得推廣之處。因為概念圖系統可以清楚透過平面空間的結構化形式，展示出構成史實的事件的關聯性；這個關聯性可以直接排除事件在歷史時序的敘述限制，以空間的自由度建立理解一個史實背後可能的因果邏輯的解釋／詮釋模型。

　　但是，要達到具有反思效度的歷史知識建構，還必須納入對文史批判的思維。文史批判的思維本身就是一種以反對工具理性為前提的主體活動，而且必須在主體對主體的情境下，才有開展的可能性。這意謂著網路資源整合概念圖的數位化學習模式已在理性工具的本質上有其難以跨越的局限性。

　　當然，這個局限性也同時提醒我們：教學在本質上就是教與學的主體性互動，網路資源整合概念圖的數位化模式不能等同於歷史知識建構之自身，也不能視之為可以發展出主導教學者或學習者的核心思維資源。因為「人」才是歷史知識範疇的核心概念。因此，概念圖系統和大事年表系統一樣，都只是作為提供教師教學時一種可供選擇的輔助性工具，而不是隱含理論主導向度的方法論。也就是說，以科技主義思維建構人文

知識的可能性的論述正當性，本身就是一種迷思。

　　客觀而論，網路化資源整合概念圖系統作為一種工具，絕對是一樁美事。因為透過資源平臺的整合，對於學習使用者而言，可以直接在平臺上接觸到更多可供參照的網路資源，確實能提供助益之效；對於教學者而言，能有一個完全開放、而不規範知識內容架構的概念圖繪製平臺提供使用，也是教學多元化觀點之下的一種選擇樣式。但是，如何將之引導為歷史意識或批判性歷史意識的資源工具，則是專業知識與專業倫理的實踐上的敘述策略問題。

　　畢竟歷史教學／學習的主體是「人」，工具本身所能提供的形式與思維都不能取代或凌駕於人的「主體」，只有「人」才能進行解釋／詮釋活動；所以，主體意識與敘述語言之間的對應性，其關鍵技術不是在於網路資源整合概念圖的數位化模式的適性整合，而是關乎主體在教與學的互動過程中如何帶入更具文史批判思維教學策略，讓學習者在建構史實的事件解釋過程，也能同步意識到建立史觀、反思歷史的重要。

第二章 網路探究學習與「中原文創大學城」教學的提案設計

本章概述

本章旨在分析「中原文創大學城」作為一種 USR（University Social Responsibility, 大學社會責任）實務課程的提案想像，並在此提案教學中，討論透過安排網路探究學習的鷹架設計的必要性，以及學習者在此鷹架設計中所開發的關鍵學習經驗，如何而可能地將學習者的外顯知識內化到成為地方培力的核心素養，進而成為地方培力人才。

第一節 「中原文創大學城」課程的想像與大學社會責任

「中原文創大學城」的提案構思來自結合 USR（University Social Responsibility, 大學社會責任）、文創敘事培力與場域實踐三個面向所開發的 3+2 學分架構的學年課程[34]，是一門嘗試創

---

[34] 本課程為提案設計，非施行課程。課程設計為上學期 3 學分的理論課程、下學期 2 學分的實務課程。理論課程內容如下：課程總論：文創敘事力與城鄉永續的地方價值（2 小時）、文創概論（4 小時）、文創團隊經營與運作（4 小時）、地方資本分析（4 小時）、多元文創敘事力（10 小時）、科技資訊應用（2 小時）、企業溝通與合作策略（4 小時）、文化行銷與策展（10 小時）、商業企劃簡報／政府計畫（6 小時）、標案實務（2 小時）。下學期 2 學分實

造「以知識想像地方、以文創實踐地方」關鍵學習經驗的整合式設計課程。但這門課程都只是在架構階段，並未施行。筆者在想像建構這門課程的主要目標，在於協助修課學生能將理論課程所學到的地方知識與文創敘事，透過實習課程的場域探究的學習方法，建立關鍵學習經驗，進而再將對地方知識的認知轉化為地方培力所需要的核心素養。

本章認為以「文創」作為一種生活美學的實踐概念，可以幫助學習者理解為何每個人應該以追求「品質」生活為目的；透過「大學城」的地方想像，將此課程所學到的地方知識，導入「城鄉永續」的議題關懷，則是可以幫助學習者能積極建立良好品味生活的追求意識，並能了解良好品味生活意識與地方發展的連結關係──好的品味生活必須有好的生活品質為基礎，好的生活品質並不是建立在經濟消費能力，而是能以正確的價值觀與好的美學品味，作為規劃地方的城鄉發展原則。正確的城鄉發展方向與經營，才能為地方帶來美好的生活想像與永續經營。

過去，對於學習者而言，學校是家庭之外最重要的學習與成長場域，但很少有學校將學習者的學習與成長場域、延伸

務課程──組織文創團隊／工作室撰寫專門提案（商業企畫案、政府計畫案兩種規格）；模擬社會企業創業實習機制──客戶：中原夜市商圈協會；建置專業顧問諮詢與輔導時間──學界專家顧問：課程教師團隊、創業導師、公共事務諮詢導師。學期的理論課程是學習者進入實務課程所需要的先備知識與技能，主要的作用在於讓學習者能夠認識城與鄉的地方資本累積與運作原理，並且能夠思考、評估不同環境條件之下所需要表達地方形式的文創敘事，並為地方選擇最適發展的文創敘事，進而以可籌募資金運作的政府計畫或商業行銷企劃，進行提案。

到校園以外的環境場域，也很少會主動思考大學對於周遭環境場域的影響，以及互動連結後所建立的地方生態關係與責任回饋。近年來，臺灣教育體制積極啟動大學社會責任觀念，漸漸打破大學校園在地方自成格局的半封閉性，鼓勵大學能將其自身所具備的知識能量轉化為實踐地方的重要潛力。

從這個觀點來看大學的發展定位，大學教育不再只是可簡單二分於傳播專業知識與發展通識博雅教育的「高等學校」或「大學校園」，而是可以重新詮釋學生所需要的核心素養能力的學習目標導向，設計相關自由探索的教學活動，創造學生的關鍵學習經驗，成為地方培力青年。

第二節　個案教學設計與地方知識管理

「中原文創大學城」實務課程的教學策略構想，是以網路探究與場域探究為兩種主要學習進路。場域探究要求學習者以行動者身分進入真實場域，以「發現問題」與「解決問題」為目標導向，指引學習者在真實場域中進行行動學習。真實場域的行動學習，提供學習者在自由探究的過程，能自我整合理論與實務，以個人的行動力鏈結地方，成為地方未來發展的責任體驗者。

不同於一般大學社會責任課程以偏鄉地方作為行動者的探索場域，以及大學之於偏鄉地方的資源開發與社會服務者的角色定位。「中原文創大學城」學習者所要進入的真實場域，是較之偏鄉更為複雜的中原夜市商圈。這些商圈的多數商家雖

然已經組織「中原商圈發展協會」，開始以未來發展為共識，說服商家們可以改善彼此競爭的關係，而多增進彼此合作的機會，但是，商家與商家之間的經濟活動畢竟是各自獨立，除刺激消費、增加收入的共同想法之外，至今也尚未形成可以具體發展的願景共識。

對於地方政府以常年性計畫補助商圈發展經濟的「桃園市振興商圈商機補助」，地方協會也因缺乏撰寫計畫的能力而必須委託公關公司代為爭取。但是，多數公關公司並非社會福利企業，再加上計畫補助經費款項機制的限制，公關公司又必須從補助經費中找出利潤空間；這些因素促使地方政府的振興商圈商機計畫，都只能是一次性消費、且常常是效果與品質皆不佳的商業行銷活動計畫，對商圈商機的改善並無任何的累進效果。

從上述情況來看「中原文創大學城」課程與偏鄉地區的大學社會責任課程最大不同之處，在於前者的學習行動並不是典型的地方社會服務屬性，而是以促進地方永續經營為目的的商業型服務。因此，「中原文創大學城」的課程設計傾向的主張是讓學習者在進入下學期 2 學分的實務課程之前，必須修習 3 學分的理論課程，且在實務課程進入真實場域之前，預先引導學生以網路探究，模擬完成改造中原夜市商圈為「中原文創大學城」的提案任務，然後才安排學習者進入真實場域中，展開場域觀察、發現問題、分析問題、解決問題等任務導向的學習程序，以此修正、調整網際探究學習的提案內容，再以政府計畫或商業企劃形式，重新提案。等所有學習行動者團隊完成各自提案、內部檢討後，才能進行對中原商圈協會客戶提案的

下階段場域學習。商業型服務導向與社會服務導向的大學社會責任課程，最大差異在於商業型服務不容許學習者保有「學中做，做中學」的行動態度，而是必須以「專業」的能力者身分進入場域學習。

對於學習者來說，網際探究的設計不僅僅是透過一個真實的任務，引導學習者對任務主題進行探究，其過程模組所運用的支架，可以讓學生所學到的先備理論知識，以及相關資源網站內的訊息，整合成個人與團隊「理想的大學城」情境藍圖，從中分析形成因素與所需條件，並將之移轉到中原大學與鄰近的商圈、社區的總體環境做參照比較，進而訓練學習者利用高階思維技巧，以沙盤推演方式，透過地方發展願景下的社區總體營造的概念，找出中原大學在「理想的大學城」所可能扮演的角色，以及中原大學與商圈協會彼此之間可能可以鏈結的合作關係，甚至能夠推敲分析彼此合作關係所帶來的地方影響與未來生態發展。

學習者對「理想的大學城」情境藍圖的描述與構想，涉及到對地方的全觀與微觀的想像建構與論述能力，網路探究學習提供的情境與資訊環境，可以讓學習者以自由選擇個案的方式，探索國外大學與周邊環境所形成的「大學城」樣貌與成因，以及對地方生態的影響。在引導學習者進入網際網路的國外大學城的個案探索，教學者可以透過簡介、任務、資源、過程、評論到最後結論等階段性的鷹架（Scaffolding）學習，協助學習者能自我建構「大學城」的完整概念，並刺激學習者自我統整、並描述出「理想的大學城」藍圖。

對於學習者而言，以網路資源找尋個案與分析個案的相

關資料，可以幫助學習者成為學習的主體與積極行動者，並以探究學習發展以學習者為中心的認知體驗；以學習者認知體驗所建構的學習歷程，可以適時刺激學習者掌控學習方向與步驟，主導自我學習與進行知識管理。探究過程除了讓學習者自我發展出對「大學城」個案的整體格局的認知能力，也引入學習者所在的真實情境，除了培養學習者以重視地方生態發展的思考角度與習慣之外，也可以讓學生在探索個案中，聚焦對兩者之間所形成的「落差」問題，提供學習者可以再進行「觀察」、「分析」、「判斷」等階段性鷹架學習設計活動，讓學習者對其所學到、體驗到的地方知識與整體分析判斷，有更多元面向的深度與廣度的理性探尋。

對於教學者來說，教師在網路探究的角色不只是課程的設計者，也是提供鷹架學習的引導者，協助學習者在建構「地方想像」的認知過程，適時能將所學到地方知識理論內容應用出來，並在進行「觀察」、「分析」、「判斷」等階段鷹架學習過程，協助學習者能與外界資訊再進一步整合為內化（internalization）的個人知識，進而將對知識的認知能力提升為「知識管理」技術與憑證。葛林伍德（Wilf Greenwood,1998）提出的「創新」（createfromindividual）、「確認」（clarify）「分類」（classify）、「溝通」（communication）、「了解」（comprehend）、「再創新」（create from group）等 6C 元素的知識管理，則可為網路探究的「知識管理」，提供一個具有鷹架作用的流程模組，並應用在「中原文創大學城」的教學設計

活動中。以下為「中原文創大學城」課程網路探究的知識管理
的鷹架結構表[35]：

表格 1 「中原文創大學城」課程網路探究的知識管理的鷹架結構表

知識管理 6C 元素	知識管理應用在網路探究模式	地方知識的網路探究建構模式與歷程記錄
創新	透過任務創造個人的知識累積並蒐集起來	1. 開始建立網路探究的學習歷程： A. 選擇國外大學城個案，進行自由探究。 B. 從自然條件與人文歷史立場，分析個案中的大學校園與周邊整體環境（自然、人文）。 C. 描述、並定義該個案的「大學城」概念與樣貌。
確認	從情境及過程中確認並篩選所要擷取的知識內容	2. 從探究過程歸納「大學城」的「理想」藍圖與需要的條件。 3. 描述結論設計。
分類	將網路資源分類，以便未來檢所或搜尋，將有助於知識分享與擴散的速度	4. 將上述過程的網路資源進行表格整理，並列出從大學校園到周邊空間可延展的主題特色，以及可呼應的歷史敘事或故事。 5. 針對描述結論提問「大學城」所需要的自然與人文條件。
溝通	建立溝通環境，如討論、辯論、演練	6. 利用地方資本的概念檢討步驟 5 的自然與人文條件，並將檢討

---

[35] 李芳樂編著：《網路探究的理念與設計》（新加坡：Mc Graw Hill Education, Asia, 2008），頁 39。

知識管理 6C 元素	知識管理應用在網路探究模式	地方知識的網路探究建構模式與歷程記錄
	等，溝通順暢與否將影響知識分享的成效	結果繪製關係生態地圖。 7. 針對 1-6 步驟的探究結果，進行內部討論，並將討論結果，以學習單方式記錄下來。
了解	透過不同協作模式中充份及開放的溝通，增進組織及個人間的了解，並接受不同意見	8. 針對 1-8 步驟進行個人學習反思歷程寫作。 9. 建立「大學城」個案探究學習的「首頁」設計。
再創新	最後由小組分享及整體組織的學習，提升知識管理的能力，產生學習社群	10. 以「工作室」組織形式成立「文創大學城」管理專案工作。 11. BRAIN STORM： A. 針對「大學城」個案探究結果，以「主題式」文創敘事提案，建構「大學城」的地方印象。 B. 討論「大學城」的地方印象與品牌建構的關聯性與可能發展。 C. 學習團體針對個別提案進行交流分享。

　　透過上述六個鷹架流程所設計的探究步驟與學習任務，學習者必須不斷將個案的各種資料蒐集，整理成有價值的資訊，並將之個案探究學習歷程記錄下來，除進行階段性結論整理與反思寫作之外，學習者也必須在個案情境中，不斷為下階段的探究學習進行準備，並與其他的學習者進行交流討論；等到完成所有鷹架流程的任務之後，學習者可以透過個案的探究

分析與統整，學到「大學城」的相關知識，同時亦可以使用理論課程所需到的先備知識練習篩選、解釋篩選的準則、整理資訊，並學習整合與改寫的各種敘事技能，最後以鏈結大學與地方特色為前提，進行「大學城」的地方印象與文創敘事提案，以及探討未來發展成地方品牌的可能性。

　　網路探究學習的策略可以幫助學習者發展進入地方文創個案實務所需要的「地方整合」經驗，並嘗試在整合過程，能為地方的願景做出最適判斷與最佳文創敘事。網路探究所提供的情境學習與流程設計，可以讓學習者在每個鷹架流程，不斷練習將各種有用的資訊整理成有價值的資訊，並學著讓這些有價值的資訊，透過實務目的的導向，利用文創敘事的技能創造出地方印象或意象的地方敘事；地方敘事的累進，除了為地方帶來更多的故事性，也必須成為可繼鏈結過去也接續未來的持續發展中的地方歷史，進而才具有發展成地方品牌的潛力——專業學習者在這個過程所學到的經驗，不只是學習者對實踐地方的專業知識與文創敘事的實務情境模擬經驗，而是這個實務情境模擬經驗所帶來對地方的認同感的鏈結、以及為了提升地方生活品質而投入的心理或精神狀態的「心流」（flow）經驗。

　　Mihaly Csikszentmihalyi（1990, 1996, 1997）提出「心流」概念在學習經驗中的重要性，認為心流會自然引導個人的成長，對學習的作用就像磁鐵一樣。因此，也由此理論延伸出：一個設計完善的學習經驗可以幫助學習者鏈結努力與生活品質提升之間關聯性的看法，不管這個學習經驗是由自己產生或由教師產生。他指出：我們的生活是建立在「我們作了些什麼，以及我們從中所得到的經驗」觀念著手。有時候人們進行他們

日常生活活動（工作、自我照料、玩遊戲、或利用休閒時間）
但以個別的方式來體驗這些活動。這些特別的時刻會發生在當
我們的感覺（我們的感情），我們所希望（我們的目標或企
圖），以及我們所想的（心理認知）都達到協調的時候。這些
特殊的時候，當所有要素都達到平衡，稱作「心流經驗」[36]。

　　心流經驗帶來可為特定目標任務帶來接受挑戰的心智
力，以及致力完成的專注力。對於進入真實場域的地方實踐的
學習者來說，心流經驗雖然可以在「做中學，學中做」的過程
中被創造、或被設計出來。但是對地方來說，地方並不是學習
者的學習實習對象，而是一個在時間歷程中所創造出來的有意
義的空間。這對學習者來說，地方不只是提供學習者應用專業
知識技能的場域，而是鏈結學習者將其來自個人的知識技能轉
化為創造地方意義與價值的「認同」所在；「認同」可以促使
學習者的心流經驗不再停留對地方知識的認知與應用層面，還
能強化學習者願意與地方產生深刻鏈結與同在的意識與精神。
因此，在進入地方的真實場域之前，學習者能通過網路探究學
習的情境與模擬任務獲得心流的關鍵學習經驗，可以強化學習
者在真實場域挑戰的心智應對能力，進而獲得更好的心流經驗
或最佳經驗。

---

[36] L. Dee Fink：《整合式課程設計：創造關鍵學習經驗》（臺北：華騰文化，
　　2012 年），頁 4-48。

第三節　關鍵學習經驗與地方實踐認同

　　當學習者以個案完成網路探究的鷹架流程，學習者也同時完整走過「文創大學城」的知識管理與發展歷程，並幫助學習者創造鏈結個人與地方的心流經驗。這些心流經驗可以幫助學習者進一步認識到地方實踐所需要的不只是專業知識與能力，還有個人對地方願景的投入與創造。

　　對於學習者來說，個案網路探究的知識管理與發展歷程所提供的學習情境，不只有助於學習者建立個人專業能力者的自信心與心理素質，還可以透過模擬體驗獲得提案與專案管理的前導經驗。這些前導經驗可以幫助學習者從鷹架設計所經歷的具體個案分析、統整與評估，到使用多元文創敘事嘗試對「大學城」的地方印象或地方品牌進行提案與分享。就知識背景脈絡的發展而言，正是引導學習者自我發展「從想像地方到實踐地方」的系統知識建構過程；而個案網路探究的鷹架流程設計與任務完成，除了為學習者提供完整的關鍵學習經驗，也創造鏈結個人學習與地方願景的心流經驗，使學習者進入真實場域之後的自由探究學習，能夠在「發現問題」與「解決問題」的行動目標導向過程，擁有以個案探究所發展出的「文創大學城」的地方參照知識體系與架構，進而協助學習者如何透過「文創大學城」的知識概念，將個人出入校園的內與外的生活場域鏈結在一起，並成為行動學習的實踐對象。

　　也就是說，「文創大學城」不只作為一種想像的實踐目標，課程的設計就是為了鼓勵學生將美好的校園延伸到附近緊臨或社區或商圈或單純空間環境，而有所意識與行動，並通過

這些意識行動，讓這些原本獨立的空間真正鏈結成一個更具有一致性的「生態地方」。就像個案網路探究為學習者所提供的歐美國家的大學城個案認知與想像體驗，透過大學城知識系統建構的關鍵學習經驗，學習者可以將這些關鍵學習經驗，帶入真實場域中行動，為地方創造以大學為中心、結合周邊鎮居住生活圈而發展出大學人文屬性與生活特色的「大學城」地方生態與價值。

　　以大學社會責任鏈結中原大學與中原夜市商圈的「中原文創大學城」實務簡介為例：中原基督教大學（Chung Yuan Christian University）[37]座落於客家人族群分布廣泛的臺灣省桃園市中壢區，已有六十多年歷史。中原大學的發展成長帶動生活消費經濟型態為主的商家集聚，進而漸漸形成「中原商圈」。「中原商圈」的主要經濟聚落型態以亞洲特色觀光之夜市為主，是中壢區著名三大夜市中唯一比鄰大學、與大學生活脈動緊密相連的「大學夜市」。但是，中原商圈長久以來只是位置鄰近中原大學，並未發展出任何可稱為「大學城」的地方印象與生態。「中原文創大學城」的地方想像，涉及以文創敘事整合「中原大學」與「中原夜市商圈」而成為一個地方的實踐過程。要如何讓中原夜市商圈從「大學夜市」晉升為「大學

---

[37] 中原基督教大學（Chung Yuan Christian University）於一九五五年創校於臺灣桃園中壢地方，校名與規模從籌辦之初的「基督教中壢農工學院」、「中原大學理工學院」到立案時的「私立中原理工學院」，由美籍牧師賈嘉美士（Dr. James R. Graham Ⅱ）及我國熱心教育之基督徒張靜愚、郭克悌、鈕永建、陳維屏、瞿荊洲等諸先生，在基督救世愛人的精神呼召下所倡導設立，至一九八〇年擴充改制為「中原大學」。

城商圈」？

　　對於學習者來說，大學是學生接受高等教育的所在地，每一個大學都有其座落的地方位置；不管是位於城市或鄉鎮，多數大學都有其形成聚店的商業活動區域，提供學生與鄰近居民生活所需，特別是飲食；有一些大學附近甚至形成極有特色的夜市或商街，如鄰近臺灣大學與臺北師範大學而擁有獨立書店全臺最密集的汀羅溫特區（汀州路、羅斯福路、溫州街）、擁有國際多元文化特色街頭小吃的逢甲夜市、如藝文咖啡街區的東海大學……。然而，觀察這些依附大學學區而形成的商業活動區域，雖然與當地大學及生活圈緊密相鄰，但並未整體向上提升大學學區的生活品質，大學也未發揮地方人文中心的潛移默化的影響力，帶動鄰近社區一起發展以大學為地方中心的「大學城」生活共同圈的共識。

　　從前述觀點來看中原大學與中原夜市商圈，中原夜市商圈、中原大學目前就與東海夜市商圈與東海大學、逢甲夜市商圈與逢甲大學、以及多數大學與鄰近地區一樣[38]，大學校園與商街商業活動都依其屬性各自獨立，並未與周遭的生活住家鏈結成一個有機共同生活體的總體社區。「大學城」概念的提出則是針對臺灣多數大學與周遭環境之間各自獨立的地理空間關

---

[38] 東海大學附近的藝文咖啡街區在文藝氣圍上雖然可以回應東海大學校園的人文氣圍，但商家與學校基本上都只是地理位置的彼此鄰近，兩者並未形成任何有關總體社區的生活共同體的共識，也未有任何增進共同生活體的共識交流，就像臺灣多數大學與鄰近商家。位於臺灣臺北淡水區的淡江大學因校園沒有圍牆，而與附近商家、社區形成「大學城」的生活空間，但僅止於生活空間意義上的「大學城」，鄰近住家社區與商業活動就像所有大學，都是依附大學學區功能，並未在地方意識並未形成任何生活共同體的共識。

係，從地方意識的整合出發，由大學社會責任的立場挺身而出，將其資源從校園延伸至社區，甚至能與附近商圈整合成以大學為人文中心的共同有機體的生活空間，並透過地方共識持續協助社區與商圈，發展出帶有地方特色文化的優質生活生態空間——而非只有生活機能條件與考量——的「大學城」。

「中原文創大學城」則是針對前述而設計的一門非典型大學社會責任課程，鼓勵學生參與可以透過實踐自我以創造優質生活與特色的大學城的社區文創計畫。對地方政府而言，利用大學能量投入地方培力與地方建設，降低長年公關公司標案執行成效不彰的問題；對學校而言，將校園特色延伸至校園之外的鄰近區域，提升整體地方環境，善盡大學社會責任；對商圈、社區而言，以大學為中心的特色「大學城」優質生活共同體的共識理想，有利於支持多元文化生態下的城鄉永續發展；對學生而言，課程本身就是一個可以結合不同專業與價值實踐的行動場域，也是提供學生觀察與思考社會企業價值意義的評估場域。

「城鄉永續的優質生活大學城」作為一種利他利己共生價值的概念與行動願景，不只值得將此概念願景引為課程的學習目標，也相當值得發展為可因地制宜的特色課程模組設計。除了可以鼓勵鼓勵有興趣的老師加入，一起籌組、發展可以共備教材、共同授課的特色課程之外；從學習者的角度來看，如果大學本身有一門課程可以在以利他利己共生價值理念前提之下，鼓勵學生「自己想要的環境自己創造」；而大學本身所形成的聚店環境，也因學習者的熟悉而成為相對容易產生認同的行動場域。

　　再來，「城鄉永續」之於「文創大學城」的地方核心價值，可以為學習者的場域探究學習，持續刺激學習者在不同城鄉脈絡之下，思考因地制宜的特色大學城的創意思維與行動，以及以知識經濟為目的、以人類文明與文化為內容、以美學設計為形式、以創造品質（非品味）為價值的文化創意。文化創意作為一種以不斷創造價值為行動邏輯的方法，本質上就是一種可以特定目的與範圍進行跨學門、跨領域的整合過程，而且具有自我完成便階段揚棄的持續變化性格，而「敘事」則是文化創意進行自我創造後所留下的載體。

　　因此，「文創敘事」不只作為文化創意的載體內容，也是文化創意作為一種專業領域之後的知識內容；既是載體、也是知識內容的文創敘事，本身也是一種可自由建構、整合不同學門知識脈絡的方法。對於學習者而言，地方文創與敘事所創造出來的關鍵學習與心流經驗，除了能鏈結學習者與地方之外，學習者也必須不斷從自我與地方的關係作出經常性的即時回饋與反思判斷。經常性的即時回饋與反思判斷，將會協助學習者發展出以地方願景引導地方實踐的地方意識與心智思維。

第四節　地方知識實踐與素養培力

　　以地方願景引導地方實踐的地方意識與心智思維，作為「文創大學城」課程設計的關鍵學習與心流經驗的終極目標，可以發現「文創大學城」的創新課程概念，並不只是為學習者創造地方知識的關鍵學習與心流經驗，最重要的是以網路探究

學習作為學習者進入真實場域探究的鷹架設計，可以協助學習者在模擬真實情境的情況下，完成階段任務。對於學習者而言，網路探究的專題學習模式與鷹架設計，可以協助學習者不斷整合實踐地方願景的地方意識與心智思維，並在過程中，將個人的認知學習，轉化成鏈結地方認同的探究學習經驗，並因而強化心流效果。學習者透過網路探究的模擬練習與前導經驗，可以累進個人在真實場域進行探究學習的自信心與專業態度，使得學習者能迅速進入情境，協助商圈的經營者發現問題、提供創意方法解決問題。

對於學習者來說，如果沒有發展出對地方認同的意識或對方願景的心智狀態，地方知識只是描述地方的認知敘述，地方實踐也只是短暫鏈結個人與地方的課程任務與行動。從網路探究到真實場域探究的實務課程設計，則是希望能引起學習者的自主學習興趣，並預設以大學社會責任與城鄉永續的觀念價值引導學習者的行動。學習者的行動透過鷹架設計而成為以任務整合認知的學習歷程，漸次發展出相關的關鍵學習經驗；學習者則可以從個人關鍵學習經驗建構鏈結對地方價值開發的心智思維能力，進而促使學習者在真實場域的自由探究學習，以文創敘事作為地方問題發現與地方實踐的實務練習中，可以從正確的地方觀念與價值導向的意識思維預設行動。

「中原文創大學城」實務課程之所以網路探究學習作為場域探究學習的前導練習，正是因為網路探究學習所提供的資訊環境，以及隨時隨地可以獲得資訊的自由與便利性，對於學習者在建構「地方想像」的學習經驗時，可以透過指定任務的網站資訊的自由探索，將繁雜的資訊一一篩選出各種有價值的

資訊，進而建構出學習者對地方想像的具體藍圖描述。這個描述過程可以讓學習者自我發展「地方想像與文創敘事作為一種地方實踐的技術或方法」的關鍵學習經驗，使得學習者在重整地方知識的過程，不僅可以自主建構個人對地方價值開發的自我詮釋，也在此過程導入對未來願景實踐的情感與心智動力，激勵學習者以地方價值實踐自我價值的學習意識與行動意志。

　　對於學習者來說，「中原文創大學城」實務課程像是一座連接中原大學與中原夜市商圈的橋梁，「中原文創大學城」的地方認知與想像，讓學習者必須從原有的中原大學學生與夜市商圈消費者的身分框架跳脫出來，以一種全新的行動者身分去定義自己與地方。從網路探索到場域探索，正是鼓勵學習者透過模擬行動與真實行動，練習將客觀的地方知識與文創敘事技術，以「文創大學城」目標導向的人文詮釋與文化創意方式，重新定義中原夜市商圈。

　　對於中原商圈協會的商家與經營者而言，「中原文創大學城」的地方概念與想像的提出，不僅僅為商圈開發注入地方人文意識的共識願景，也能為商圈原本的經濟空間生態帶來轉變的契機。而對於中原大學來說，「中原文創大學城」的地方想像不只突破原本與鄰近社區的聯結範圍，而能將影響力擴大至商圈，提升商圈原本的地方素質，改變商圈商家只追求商機的短淺目光，而能從提升地方人文素質與空間生態的共識與實質作為，自然增進商機。這正是「中原文創大學城」作為一門大學社會責任課程設計的目的——透過地方實踐將教育的地方知識與大學青年培力成為改變地方的重要空間資本，而不是偶爾進駐地方的流動資本。

　　因此，「中原文創大學城」的課程設計不只是為了整合大學社會責任、地方知識理論與實踐、多元文創敘事方法，而要能將學習者從校園的課堂學習延展至網際網路與地方場域的學習探索與行動歷程，並在這些歷程中發展出轉化地方知識為地方想像與實踐的關鍵學習與心流經驗，成為未來進駐地方之後能夠長期居留或選擇定居的青年培力與教育訓練者。

　　學習者在地方實踐實務體驗過程的關鍵學習與心流經驗，之所要求以學習者以一學期 3 學分的時間累積相關地方理論、多元文創敘事與方法的基礎知識，除了培訓學習者對認知地方、開發地方的認知與技能學習，最重要的目的在於協助學習者以正確的城鄉永續發展與理念價值——而非現今主流的全球資本主義世界觀——去建立自己與地方之間情感與地方認同。

　　聚店大學校園附近而形成的「商圈」，對於學習者而言之所以是一個值得開發的地方實踐的實務場域，正是在於商圈本身因鄰近校園而來的多功能空間屬性——既是學習者的生活消費經濟圈、休閒娛樂圈，也是學習者最常使用的人際互動行動圈之一。「中原文創大學城」課程的提出與設計，正是希望能從「大學城」的地方概念與願景提出，讓學習者在接受專業高等教育的青年階段，能夠從個人行動空間的熟悉感出發，嘗試運用個人在課堂所學到的理論與技能，思考「大學」與「商圈」能從彼此獨立區域整合為一個完整的地方的可能性，以及其中可能可以透過文創行動而開發的情感認同與地方價值潛力。

　　透過熟悉、但不見得能有機會深入了解的生活空間，協

助學習者完成一個地方概念與想像到文創實踐的計畫提案歷程，除了學習應用理論課程所要求的基礎知識與技能之外，也同時可以在關注學習與生活的結合層面，透過網際模擬與場域實務的實踐練習歷程，提供學習者自我發展出對地方的情感認同與檢驗城鄉永續價值的關鍵學習與心流經驗，進而領悟地方認同與正確的地方價值實踐，才是地方行動者是否能成為地方培力最關鍵的核心素養。

以核心素養為主軸的實踐課程設計，除了可以協助學習者自我發展如何將地方知識的認知轉為實踐知識的經驗，也能通過個人生活空間中的社會參與，提供自我完成檢驗、整合理論與技能的機會，也能同步引導於從價值理念建立認同地方的心流經驗，以及鏈結自己與地方的情感認同。對於課程設計者而言，地方認同與價值理念的認知要如何轉而內化為學習者的一部份，讓學習者自然發展經由價值理念而建立的地方認同的心流經驗與情感關係，除了引導學習者使用地方永續經營作為行動策略的參照分析的思維架構（framework）之外，從地方想像願景與共識而來的地方認同與情感，也是地方培力教育不可忽視的關鍵學習經驗。

「中原大學文創大學城」是一門以建構關鍵學習經驗為導向的非典型大學社會責任課程，實務課程設計以網路探究作為進入場域探究學習的課堂前導活動，主要的原因在於學習者進入地方的「做中學、學中做」過程，是為了發展地方認同與城鄉永續價值理念的核心素養，而不宜以真實的地方作為個人對地方知識與技能的檢驗對象。

因此，以網路探索作為引導學習者發展「文創大學城」

地方想像與實踐的模擬場域，以及在此提供學習者學習如何管理、分析、整合地方知識的鷹架練習，以及地方價值導向的最適行動判斷，不僅可以提供學習者對城鄉永續價值與地方認同的關鍵學習經驗，也可以從過程中不斷透過資訊的理解、分析、整合，將有用的資訊發展成完成地方想像藍圖的有價值的資訊，然後再根據這些有價值的資訊進行地方提案。

　　而地方提案不只是學習者在網路探究的學習成果，也是為了預備學習者進入真實場域實習之後所需要的基本知識與心智素養，協助學習者能在真實場域中進行發現問題、分析問題、解決問題的實務練習中，能夠依循網路探學習過程獲得的關鍵學習經驗，發展更積極自主的行動能力，而不易因受挫引發無助情緒，影響實務學習。

　　學習者能在真實場域探究發展出較好的關鍵學習經驗，自然有益於學習者自我建立對地方認同與價值實踐的心流經驗，進而透過行動與關係的建立過程，強化個人對地方的情感與價值理念的追求，並因此成為內化為地方培力所需要的核心素養的心智與情感基礎。網路探究學習對於地方培力的課程教育來說，不只是資訊素養的培養，更是透過資訊素養的學習探究鷹架，發展出對地方認同與地方培力索需要的核心素養，而成為地方價值思維導向的行動分析與決策者。

　　「中原文創大學城」的課程設計理念認為：地方實踐與地方培力的核心素養關鍵在於學習者自我建立地方認同與正確價值導向的思維行動，地方認同與地方價值的內化過程需要對地方知識正確實踐的心智訓練與經驗累積。網路探究學習對地方知識管理的流程鷹架，可以提供學習者將地方知識的資訊轉

化為有價值意義導向的理解地方、分析地方、整合地方的心智
能力訓練，協助學習者進入真實場域進行探究時，能正向引導
個人對地方認同與價值理念的思維模式與最適行動判斷，進而
成為具有地方核心素養的地方培力人才。

第三章 「大學城地方」與「多元敘事」的教學與個案研究

本章概述

　　本章以中原大學通識天、人、物、我課程的基礎我類課程「語言與修辭」為場域，透過行動研究的計畫、行動、觀察、省思等循環階段，分析、評估教師以「大學城地方敘事」作為「語文與修辭」課程創新教學之於學生學習接受的行動效應。本章對此提出：「大學城」之於修課學生而言，不僅是一個屬性地方概念，也是日常足跡遍履的真實空間，更是一個可以培養學生整合認知與經驗的實踐知識場域（field）。因此，教師嘗試翻轉過去「語文與修辭」課程以教授「語文」與「修辭」本位知識的傳統教學，嘗試以「大學城地方」的知識建構，作為課程的學習目標，導入「大學城」為課程教學設計的探究框架（requiring framework）；而將統整語文與修辭的「多元敘事」表現，作為引導學生建構主題知識的一種學習方法，而以「多元敘事」為學習鷹架（learning scaffolding），邀請學生完成個人的「大學城學習歷程記錄」，內容包括：基本圖文資料敘事、一般文字與心智圖模式的結構關係敘事、文字／圖漫／影像為主的關鍵修辭敘事、小組合作完成的大學城發現經驗展演海報。「大學城」的探究框架在教學設計上，以概念探究與網路個案探究兩種路徑為主，多元敘事的學習鷹架置入，幫助學生體驗、練習多元敘事形

式的不同思考與書寫方式，學生可以逐步在「大學城」的知識脈絡與外國個案學習過程，自我建立對「大學城」的理解與想像，最後回到個人在「校園」與比鄰圍繞校園的「中原夜市商圈」的「生活共同體空間」中，自由探索「大學城」作為大學的「真實」地方與「理想」地方之間的差異性，以及「大學」之於座落地方所應該促進的「大學城」發展意義。

第一節　研究問題與教學實驗重點

「語文與修辭」課程是中原大學通識天、人、物、我課程的基礎我類的下學期課程，上學期是「文學經典閱讀」；「文學經典閱讀」、「語文與修辭」的前身課程是大一國文，「語文與修辭」的知識領域涉及「語文」與「修辭」兩個重點，大部份教師設計教材多以語文賞析、修辭應用兩大方向為主，教學過程則根據教師對教材的理解與判斷，輔佐補充以相關知識背景、重點，或脈絡性擴充相關知識背景或進行相關案例比較。教師在選擇教材、教法相較於一般專門學科或專業領域為導向的課程，相對擁有較大的個人自由與設計空間，並可以理所當然導入教師對「語文」、「修辭」本身的品味、興趣、理解、啟發……等。

事實上，文學屬性或導向的課程都會比一般非文學屬性或導向的更具有前述的彈性自由，而大部份教授「語文與修辭」的教師大都擁有中國文學、中國語文或臺灣文學、臺灣語文等相關專業系所的專業養成背景。這使得大部份教師在「語

文與修辭」課程上，極易自然傾向文學屬性或文學核心思維的
教材選擇與教學設計。

　　但是，「語文與修辭」課程的設計是否有可能可以打破
過去的傳統慣例，進一步翻轉文學屬性或文學核心思維的框
架？如果有可能，如何而可能？再來，學生能接受一個完全不
同於國、高中國文教學思維的課程？以及過去長期以來慣性教
法所養成的慣性上課與學習模式？如果能，將帶來什麼樣的學
習體驗與成效？如果不能，翻轉課程或創新課程在他們的理解
會是什麼？對他們的意義又是什麼？這是本章期待努力的方
向。

　　因此，本章嘗試通過論述與實踐，希望能透過「語文修
辭」課程的創新教學來實驗。此外，本章也是 108 學年通過教
育部教學實踐研究計畫「中原文創大學城課程的場域實踐歷程
與評量設計研究」的主要研究成果，內容包括：敘事力教學的
場域關鍵學習、創新教學與應用探討、課程教學整體評估，進
行最適教學策略的理論探討，以及最適教學評量設計；然後運
用在教學現場的「教材」、「教法」創新的課程教學策略設
計，直接導入在「語文與修辭」課程，翻轉「語文與修辭」課
程本身的語文賞析與修辭應用的靜態學習，要求學生以自覺的
態度置身中原校園與其日常食衣生活的真實生活場域──中原
夜市商圈。

　　另外必須一提的是，本章書寫基礎來自 108 學年第二學
期商設系「語文與修辭」教學的行動研究成果，其內涵包括：
以論文〈網路探究學習在「中原文創大學城」課程的教學設計
與地方培力核心素養〉的研究論述，作為課程教學與學生評量

回饋的基礎設計，以及透過教學現場的觀察紀錄、學生學習回饋、師生雙向互動、學生私下訪談等教學相關實踐行動，了解課程中以「大學城地方」與「多元敘事」兩個共構向度的教學策略與複合式建構學習方式，對於學生在「大學城」概念脈絡探究中建構自我理解的學習樣貌，以及探究大學校園與校園周遭地區環境的「生活空間」關係與想像實踐過程的真實性。

　　本章的研究問題根據以上的事實，將聚焦探究於課程教學設計與學生學習成效所形成的相互對應性。包括：一、以「大學城地方」與「多元敘事」翻轉「語文與修辭」課程的合理性，以及預期學生的學習刺激或改變；二、導入「大學城地方」與「多元敘事」的教學創新實踐性，以及對學生的影響；三、「大學城地方」與「多元敘事」的教學設計與複合式建構學習在課程施行中產生的問題與現象；四、教師教學主體與學生學習主體之於教學創新的雙向溝通可能性，以及未來可以強化的設計導向發展。

第二節　改變與創新

　　任何的創新皆來自改變，以下分為三點說明之：

一、過去課程與現在課程的教學設計同異

　　「語言與修辭」課程顧名思義，即相關於「語言」與「修辭」範疇的課程，從大學教學自主的角度而言，只要相關於「語言」、「修辭」內容或主題，教師都可以收錄至教學教

材，成為課程教學。因此，每一位教授「語言與修辭」教師只要在符合學校政策要求或課程共同前提之下，都可以因其個人的教學目標與目的設計課程綱要，也可以根據實際教學情況，於下學年上傳課綱之前調整或重新更新自己的課程教授內容。

　　一般而言，教師自主調整、抽換更新內容的判斷基礎，隨著學校教學制度對教師授課遵循課綱安排的嚴謹度而有不同，給予教師自主權較高的學校，教師不只可以當學期隨時根據實際操作教學過程的流暢度、完整性調整，甚至可以依照學生程度、學習反應或成效，做幅度性的波動調整，但傾向於強調課程規範的學校，教師通常只能在既定課綱中微調個人教學，課程內容調整必須等到下一次開課上傳課綱。不過，相對於中等教育體制的教科書使用規範，大學教師因其專業自主性而擁有較多可以編選與設計教材的自由空間。

　　因此，教材編選的主題化設計與學習脈絡引導，以及綱要進度安排的節奏，都與教師的教學經驗與專業知識息息相關。雖然，通識課程並不是專業課程，但教學專業的經驗與專業知識養成，與專業系所的專業課程教師一模一樣，只是通識課程教師除個人學術領域的專業訓練與養成之外，還必須因應通識教學工作而來的通識教學的專業化與跨（專業）知識領域挑戰。「語文與修辭」課程的教學創新從前述立場來說，最大的挑戰是如何在教師個人的專業知識基礎，進行結構化或系統性的跨專業知識內容設計。

　　以作者個人在 107-2「語文與修辭」的課程設計為例，主要的設計導向為「實用語言與文書」與「文學與電影修辭」。「實用語言與文書」範圍選用的教學教材以培養學生聽說讀寫

的實用語言技能為主，包括團體中的個人介紹（語言與自我觀察、團體中的個人互動）、影音履歷、書面履歷與自傳寫作、簡報思維與方法、評鑑與語言表達、現代修辭學——TED。「文學與電影修辭」則各自從臺灣與中國選擇一部文學性、但具有高度歷史論述價值的電影——侯孝賢導導／朱天文編劇《童年往事》、馮小剛導演／嚴華苓原著編劇《芳華》；《童年往事》聚焦於自傳與電影語言，以及透過詹明信國族寓言理論所可以觀察到的臺灣族群命運的歷史變化；《芳華》聚焦於語言與命運，引導學生從劇情中的語言傷害以至成為決定男女主角命運發展的關鍵轉折與因果關係，探討人性必要之善。實用語言與文學電影修辭範圍不同，所選擇的單元主題不同，但所有的核心設計與教學脈絡發展都關涉到「自我」在不同面向的語言理解與表達，以及「自我」在故事情節中的命運與時代歷史背景所形成的思考與啟發。

用語言範圍之下的主題教學設計，來自於教師認為大學生發展自我、實踐自我的人生歷程過程會學到的幾個重要能力：一、基本聆聽與自我介紹能力、可迅速在團體或互動中讓別人記住自己的語言應用技巧；二、找工作可能會用到的不同形式媒介的應用文書能力；三、精準、效率簡報背後所需要的組織、結構思維能力；四、缺乏對等知識與能力前提之下被賦予評鑑專業人士的權力，應該如何運用理性客觀的語言維持公平性，並避免情緒直覺的濫用；五、當你將來成為主管、或有機會可以在公開場合表述自己的意見，如何可在 15-18 分鐘說服別人同意你、或產生認同支持的演講技巧。這些教材內容大多來自教師所設定的學生學習重點或自編、或自寫，以及可提

供學生對照或對應參考的公開案例與資料、資源等，教師教學則以展演教師對主題脈絡的理解與提供可以對應與對照依循的方法自我練習。

相較於實用語言範圍，「文學與電影修辭」範圍的教材與主題教學內容則較接近文學專業系所的專題課程，原本選擇的教材不只中國、臺灣，還包括香港──兩岸三地是教師個人認為目前世界最重要的華文文學／文化區域，但因實用語言範圍所佔的時間，必須有所取捨，故選擇一九四九年之後中華民國在臺灣與在大陸地區建國的中華人民共和國的「兩岸」為主要文本選擇對象。《童年往事》與《芳華》的共同點在於個人故事發展與時代軌跡並陳的「世代集體記憶」的敘事觀點。教師在教學上，除了提供學生觀看電影可參酌使用的結構分析文本技術，也希望以問題提問的方式，引導學生發現、思考劇本故事發展與電影鏡頭敘事之間互為理表的有趣關係與藝術表現。

但是，108-2「語文與修辭」的課程創新設計，則從開始從大學社會責任的角度，重新思考如何將原本以「語言」與「修辭」為本位的課程，轉向大學社會責任（University Social Responsibility）實踐，但仍必須維護「語言」與「修辭」的本位設計。這個困難在於「語言」與「修辭」之於大學社會責任，在知識本體或歷史發展，都沒有直接關聯性，因此，既要保持「語言」與「修辭」為本位，又必須轉向大學社會責任為核心目標，較理想的課程教學設計思維，是找出既符合「語言修辭」本位，但同時也可以置入大學社會責任的可能交集的知識實踐領域。這個知識實踐領域沒有固定對象，也沒

有固定學門，可以依照教師的興趣、想像、認知、經驗……等不同條件能力安排。

　　個人之所以選擇「地方」作為「語言」與「修辭」的轉向發展目標，原因也很簡單，作者除了專職於中原大學通識教育中心，還有一個「全球客家與多元文化研究中心」的主任副業。這個副業主要業務圍繞在客家公共事務服務與客家知識建構，原因在於桃園市是臺灣五大都中唯一訴諸客家族群以啟動多元族群共榮的城市，是教師個人因「客家」進入「桃園地方」的契機，同時也是與商業設計學系老師開始跨領域合作的起點。

　　前述的客家地方公共服務與客家知識建構的參與經驗值，開啟了 108-2 課程設計的轉向思考，基本問題如下：什麼是「地方」？「地方」所指涉的「語言」、「修辭」有哪些？這些與過去「自我」脈絡下的語言與修辭，可以形成什麼樣的關係？那些地方是學生天天經過，甚至置身其中，但卻很少產生自覺？教師需要引導學生進行哪些相關自覺？目的何在？這些引導可以幫助學生發展哪些自我建構的知識、技術？學生又如何而可能進行反思，並更進一步，從地方觀察、參與立場，建立自己對地方的論述與實踐。

　　又因為課程是開在大一，作為初次就讀大學的一年級新鮮人，很多同學來自桃園市外，即使是桃園市的本地生，應該都能同意「大學校園」是學生未來四年很重要的學習地方，其他與「大學校園」鄰近地方、且同學都能有共同經驗的就是「中原夜市商圈」，社區地方則端看同學是否有房屋租賃行為或參與社區組織、或選修學校的「宗教哲學」／大學社會責任

課程／服務學習……等課程。

　　就學生共同就讀的「大學校園」與其鄰近因大學聚落而形成學生食衣住行的商街與商圈，是臺灣不論城鄉地區所普遍形成的大學地方生態，普遍稱之「大學城」。就中原大學案例來說，中原夜市是依附中原大學學區與社區而形成的聚店商圈，為中原學生、社區居民提供飲食、休閒、娛樂等多元生活經濟消費與需要。但是，從國外所發展出以大學為地方知識、藝文與生活中心的「大學生活城」型態與概念來看，中原大學與中原夜市的地理比鄰關係，以及臺灣知名老牌大學與其鄰近地理位置所衍生商圈（如逢甲大學與逢甲夜市商圈、東海大學與東海夜市等），大學校園與走出校園比鄰而居的夜市商圈的「大學城」生態，可以說是臺灣在亞洲地區中極具特色的「大學生活城」的聚落型態。

　　「大學生活城」作為中原學生就讀大學時期常常置身、並因就學與生活需要而不斷移動、互動的地方，可以分為「校園」與「中原夜市商圈」兩大主要腹地。而「大學城」之於學生的理解是什麼？意義又是什麼？學生如何表達言說？甚至形成個人論述？語言與修辭的多元理解與應用，可以幫助學生意識到怎樣的「大學城」？他們和「大學城」的關係又是什麼？他們可以從「大學城」的地方關係中發展出如何的責任意識？而這個責任意識又可以如何幫助他們接榫個人投入社會理想的實踐想像？這是 108-2「語言與修辭」課程設計轉向以「大學城地方」為主要的領域知識學習內容，而以「語言與修辭」形式應用的多元性作為引導學生個人建構大學城相關知識與實踐的教學策略與鷹架。

　　比較 107-2「語文與修辭」的傳統設計與 108-2 的嘗試創新設計案例，可以清楚看到通識課程雖然不是專業課程，但無論課程內容是否創新，教學內容的整體設計與專業課程一樣，都必須具有知識教授的結構化、脈絡化與系統化，只是通識課程在知識教學的導向上，不必然強調專業知識，而較傾向於專業知識的生活化與應用化，以及對於學習過程對所學生活化的觸類旁通與所學應用的高度自覺自省。

　　此外，也可以看到大學教師的專業自主前提，加速通識課程創新的跨（專業）領域與應用整合融滲的特質。在操作上，則是透過「以知識想像地方、以文創實踐地方」的理念，以多元敘事為課程教學中的學生學習鷹架，亦以此為教學策略，通過探究學習的方法，循序漸進地帶領學生建立自己認知「大學城」的多元敘事形式的學習檔案，學習檔案即學生在這門課所留下的學習歷程。

第三節　從概念到知識建構到場域實踐

　　108-2「語言與修辭」課程個案主要是通過「大學城地方」與「多元敘事」的複合式建構學習的整體教學設計施行。「多元敘事」是「語文與修辭」課程可以與時俱進發展的「核心能力」，通過教師端的「探究教學設計」，分別為學生端導入相關資訊收集的網路探究、進入真實生活的場域探究等兩種不同質性的學習設計，可以為學生在學習多元敘事的過程，創造「從資訊認知到想像實踐」的關鍵經驗學習歷程。

在學期課程施行過程，「多元敘事」既是課程的學習目標，也是學生的學習方法。不同於傳統「語文與修辭」所對應的主題學習與教學內容設計，多元敘事為學習目標與學習方法的探究式課程設計，將同步成為課程教師的教學策略與課程學生的學習鷹架，而真正的關鍵經驗學習則被轉入探究的場域中。理由有二，一是深化傳統教學所重視的認知學習的網路資訊場域，一是可以檢驗認知學習成效如何被應用的真實生活場域。最後，學生必須將這兩個場域所學習、體會到的相關資訊／知識的關鍵經驗，進行統整與反思，再利用多元敘事能力，選擇一個可以公開或具象表現的形式敘事（如任何類型的空間作品／公開海報／文字或影像報導／數位媒材媒體展演……等），呈現出來。

對於教師來說，學生所選擇可公開或具象表現的形式敘事或行動敘事，不只是學期成果的檢驗，更重要的是，這是學生透過團體合作方式所建立的實踐反思的學習履歷；教師在這個過程所面對的困難，在於會因學生個體本身的特質經歷、不同個體組成的團隊效應、面對問題與場域變化中各種可能發生的情境與狀況，以及涉及學生本身對於未知變化與可能變化之間的體驗啟發與控制學習，教師必須依循經驗值判斷與專業知識而可隨時調整的建議，如何協助學生能在各種元素間做妥善處理與聯結，真正關鍵不只是教師提供的課程教學內容與要求學生進行觀察的反思對話，也在於學生端所產生的啟發效應與傳達行動。

從課程評量的角度來說，評量學生學習的重點不再是對於「語言」與「修辭」的相關知識，而是將個人在「大學城」

為主的地方認知與實踐的關鍵學習經驗，通過多元敘事形式的傳達與表現方式呈現出來。學生在這個過程，將透過網路探究與場域探究的學習歷程，從對大學城的地方資訊收集、分類、分析、整合、想像，對應到自己真實世界的大學城的生活空間中，從發現問題、分析問題、探究問題、解決問題到跨文化的地方反思，再將這個歷程的個人與團體反思結果，以多元敘事形式或行動展演出來。學生在這個過程中，不僅僅可以累進到開放式的語文與修辭的多元敘事能力，更可以建構、創造個人對於「知識地方、想像地方、實踐地方」的關鍵學習經驗。其中，網路探究與場域探究的教學設計是繫聯多元敘事能力培養與激發地方實踐的關鍵教學。

教學端的教師來說，從網路探究教學到場域探究教學，可以引導學生累進從地方資訊到建構想像地方、實踐地方、反思地方生的「關鍵學習經驗」歷程，而多元敘事能力所指涉的語言與修辭，則是學生在這個歷程的學習目標與學習方法。因此，透過「大學城地方」脈絡的創新教材，以及探究教學的創新教法的設計，不僅可以翻轉過去學生在「語言與修辭」課程中，以主題式教學為核心的認知學習模式，還可以移轉教師在過去課程之於學生理解與寫作能力的考核重點，將教師的教學策略，同步於協助學生自我整合進入場域過程的關鍵學習記錄，並能對記錄進行敘事與行動反思，對學生自我建構關鍵學習的經驗值，亦能形成莫大的助力。

從教學創新的角度來說，藉由「多元敘事」的教學鷹架，引導學生自我記錄對「大學城」地方知識與實踐的探究學習策略，主要翻轉教師在「語文與修辭」的主題式傳統教學方

法，以及學生在課程中以認知學習為常態的學習途徑。這種複合式建構學習模式，透過教師的脈絡化設計，較之傳統課程設計，更具有跨領域的教學企圖與學習精神。而「多元敘事」在課程中，從認知學習對象，轉為教學／學習共構策略與課程主要發展的核心素養能力，也作為一種同步於教師教學策略與學生學習鷹架的「歷程展演技術」，除將之置入於地方實踐的教學情境與教學脈絡中，亦引導以網路探究與場域探究的結構教學設計。

這種結構式教學設計，不僅可以幫助學生自我發展敘事力導向統整地方實踐關懷的關鍵學習經驗，也可以突破過去以認知學習與寫作模式為教學內容設計，開始協助學生利用所學，回到自己的真實生活空間，重新檢驗「大學城」之於個人、校園、夜市商圈所串連的地方生活共同體現象，進而思索「大學」為地方核心所建構的「大學城」的地方文化意義，以及未來發展行動想像。

因此，「多元敘事」作為課程學生進入地方場域的探究方法與行動資源，不僅可以為學生提供知識經濟如何運作的描述體驗，也可以凝聚學生的青年創意與對地方的熱情與責任。進而探討中原大學雖然是中原夜市商圈最重要的聚店原因，但為何長期以來，中原大學與中原夜市商圈之間只有地緣鄰近，以及客源與商家的消費買賣關係；並開始思索臺灣的「大學城」，為何難以發展出外國名校以大學校園為核心的大學城文化生活圈。

從論理而言，學生的學習不再停留在「語言」與「修辭」的賞析認知與寫作訓練內容，而可以從多元敘事的學習角

度與行動，記錄自己進入地方的歷程學習，也能培養個人對地方的洞察識見與理解掌握能力，間接培養個人對地方思惟與行動地方的熱情。從教師端來說，教師可以透過最適教學策略的評估與學習評量的資料收集，進行教學行動研究，將學生學習多元敘事的歷程，作為啟動學生對地方素質改造的在地想像與實踐的可能性，並轉化為更具有啟發的關鍵教學與經驗值分享；從學生端來說，學生在教師提供的多元敘事的教學策略所開始的敘事學習與行動，以及透過大學地方脈絡化結構的探究學習的歷程紀錄，則是提供學生自我整合將敘事能力轉化為地方實踐的自我反思機制，為個人學習創造屬於自己獨一無二的關鍵學習經驗。

第四節　學生學習困難觀察

選擇「商業設計學系」作為首開實驗教學班級的主要原因在於，商業設計學生為設計學院學生，「設計」之於同專業領域的專門知識與實作能力，是設計學院學生的主軸專業訓練。從跨領域的角度來看，「多元敘事」並不是專業設計語言，但可以視為是設計語言的不同形式的表現方式或補充說明，進而降低對課程要求的排斥。

本課程在整體教學內容規劃上，以「敘事」為核心主軸，一是多元敘事與論述、一是地方敘事與實作。多元敘事與論述分別從語文修辭、圖像修辭、影像修辭談「敘事」的定義、內涵與表現；地方敘事與實作，則從地方與空間與商業設

計的關係，說服學生「地方敘事」的學習價值，接著導入「大學城」的知識建構過程，包括概念探究、網路個案探究，然後進入場域探究的實地路線查考與問題發現，以及開發「我與地方」的生活敘事的自由學習成果展現與同儕交流分享。在增能學習上，邀請領域專家進行一場地方主題演講與一個雙週地方敘事圖漫工作坊。最後，以課堂學生互動學習、教師在旁協助的方式，帶領學生完成學期的策展任務。

教學整體的規劃希望能透過知識論述導引的教學策略，先幫學生對「多元敘事」與「地方敘事」的整體認知架構；然後，再透過網路探究與個案探究的教學策略，協助學生自主了解國外知名大學的「大學城」環境生態；再回到自己生活足跡的實際場域，觀察自己就讀學校的校園與附近環境的關係。在這個過程中，學生因為已經有了「地方」與「地方敘事」的先備知識，加上國外具體案例，可以協助學生較容易發現自己就讀學校的「大學城」環境生態，與國外具體學校案例，以及可以從「大學城」的先備知識，對比出臺灣學校與國外學校的差異性。

在多元敘事與論述內容上，各自安排一週主題單位「多元敘事導論」與「地方敘事導論」，以傳統講授為主，搭配自主學習的主題學習單。「多元敘事導論」重點放在介紹符號、文字、圖像、圖漫之於不同形式對事件記述與構成的差異性；「地方敘事導論」的重點則以教導學生關於空間、地方的異同性，以及從空間到地方的關係形成條件。主題學習單的設計則以「基礎敘事力」的圖文資料的不同敘事形式，讓學生自主練習對教師講授內容的資料收集、分類整理等能力；在進階訓練

上，則整合學生自主進行的個案與場域探究學習，學習單的設計結合應用性的多元敘事形式，如般文字與心智圖模式的結構關係敘事、含文字／圖漫／數位化平面廣告與影像廣告的關鍵修辭敘事；反思敘事力則以文化創意想像敘事為主軸，結合學生在網路探究學習與多元敘事學習鷹架所建立的「理想大學城」敘述，回到個人在真實生活空間的大學城觀察與經驗，探究校園與校園外的環境空間的生活共同體關係，透過小組合作，最後進行團體對大學城地方的探究軌跡的說明與表達，並以此策展方式呈現。

教學目標而言，學生不只要學到基礎敘事力、創意敘事力、反思敘事力等多元敘事能力，還必須通過這些多元敘事練習，自我記錄「大學城地方」的探索學習歷程。學生還必須在這些學習歷程中，漸進累積對於「地方」的洞察觀察力，針對個人或小組在真實生活場域發現的問題，提供解決問題的建議與實施步驟，並從建議與實施步驟中，嘗試以多元敘事形式或行動作為課程學習歷程的總結回饋。上述的目標達成涉及學生在「場域的探索與實踐過程」，以及如何將所學到的敘事應用、整合、內化到地方思惟的探究歷程中。

108-2 修課學生在前述設計課程中的學習歷程，從教師上課互動情況與學生期末自由回饋意見來看，課程課綱的導論內容最不感興趣，學生完成主題學習單的普遍偏低，但有少數學生在私下訪談表示，「從來沒上過、也沒有想過，不是國文課會上到的內容，很好玩」，也有少數學生直接反應「國文課這樣太複雜、太累，希望能多上點文章」。而課堂關鍵活動──學生對於場域探究學習的發現地方、探索地方、分析地方、想

像地方、行動地方，超過 90%學生評價「喜歡」或「覺得不錯」，理由一致傾向因為「可以不在教室裡上課」，雖無法評斷活動設計所促發的學習動機與成效之間的關聯性，但可以總體對比出該班學生對於學習型態的意向與興趣是動態選擇高於靜態認知。

在探究學習歷程設計相關的學習規範中，目的是為了啟迪學生自我發展或同儕合作發展關心地方、反思地方的敘事行動；課堂配搭施行的學生自主建構敘事策略鷹架，包括：以組織工作室情境的團隊導向學習取代小組分工學習、以問題導向的場域觀察輔助探究學習、以議題價值增加敘事培力、以多元敘事形式與行動策展活化上臺進行計畫／企劃報告……等。所使用的檢測觀察學生學習工具，除了學生自主完成的主題學習單、策展小組討論單、小組訪談紀錄，小組策展成果展演是最大的成效評估。除策展成果展演占總成績 50%，其他為不計分之參考紀錄。這些觀察評量工具主要是針對前述教學方法與歷程發展的相互對應性，協助教師觀察教學對學生學習產生的關係效應，包括：學生轉化理論到實踐的學習表現與成效、在學習過程中對社會責任的承擔認知、地方文創的想像建構與組織協調執行力等。

但是，整體過程中，該班共有 35 人，課程主題學習共 12 單元，學生對於自主學習的學習歷程設計回饋上，只有 2 位同學達成 80%（含以上）的完成效度（約 8-9 個單元主題），再以填寫內容對比教學授課內容的完整性，則傾向以差強人意的勉強完成。其他同學則依照自己的學習興趣平均完成 3-4 個單元主題，其中，到課學生 100%都能完成的單元主題是課程安

排為期二週的地方敘事動漫工作坊。除了學生對動漫本身的接受度高，講員的豐富演講內容與現場輪走各組，對促進學生積極學習，發揮莫大功效，特別是講員與教師分工合作，提供在旁實地觀看學生實作進度與即時問題討論的個別指導，明顯提高學生的參與完成度。

地方敘事動漫工作坊是本課程為該班學生特別安排的增能學習，力邀擁有豐富學術研究、業界實務經驗的動漫專家周文鵬老師，與主課教師配搭。分成兩場次進行。每場次配搭一個小時的導論論述與實作應用。場次一主題為：屬性與創造：動漫商品構成術，內容包括：動漫週邊的本質、類型及邏輯動漫商品的範型、操作及法則；配搭主題實作（擇一）：初級：地方吉祥物的誕生｜圖像商品的創發與設計；中級：精神代言人的降臨｜動漫商品的聯結與詮釋。場次二主題為：理路與情用：動漫故事編成法，內容包括：動漫文學的論據、條件及內涵；動漫故事的模組、成份及零和。搭配主題實作：名為麥高芬的起點｜地方故事的策略與整合。

除了增能學習的工作坊，達到全班 100%完成度效能的就是占學生學期成績 50%的策展成果展演，全班共分成 8 組，主要策展資源除了本學期的課堂學習歷程，還有教師在學校教學平臺提供的策展相關資料，規定學生必須以模擬工作室的團隊方式，將個人在「大學城」的足跡生活圈觀察與延伸思考，設定一個主題，然後自由選擇一種敘事方式展演，靜、動態不拘。8 組學生有 5 組選擇海報現場說明，2 組選擇影像動態與海報靜態複合說明方式，1 組選擇筆電反覆播放多媒體影像的說明方式。在主題選擇上，有 4 組以生活（食衣住行育樂等常

態足跡）的行動觀點展演團體日常生活互動故事（2）／環保素食推廣（1）／大學城酒吧生態地圖（1）、1 組以微影像紀錄「控訴」商設系學生低密度育樂的學習生活常態、1 組以研究行動調查解決手搖杯環保改進問題、2 組以創意行動提供火車站到學校的往返路線選擇與反映地方返鄉的關懷。

　　從該班學生的策展成果展演總體表現來說，該班學生對於切入主題與表現觀點的多元化與戲劇性表現，不管是海報或現場說明、PPT 報告或是多媒體影像的美感表現，都有令人驚艷的整體風格、或印象突出的視覺設計元素。該班策展表現普遍傾向優異，根據教師私下非正式訪談該班學生的談話印象，許多學測進來的學生在就讀之前多有傳統美術訓練、或曾上過多媒體設計課程的學習經驗，而大學指考進來的學生，即使沒有前述學習經驗，也對視覺設計充滿好奇與想法。

　　這些非正式的訪談內容，可以側面解讀「商業設計學系」學生之所以在策展成果展演表現優異，與其前備能力與興趣，有相對應的關聯性。但是，這個前提條件也使得「語言與修辭」課程的教學實踐轉型，較難因學生策展的學習成效優異而認定「大學城地方」與「多元敘事」的教學整合策略與複合式建構學習模式，對學生的學習興趣與表現都有所提升，或直接對應有所助益的評效。這個部份必須再加入非設計學院的其他學院學系學生，才能作進一步的整體分析，並且還要再以課程規範的前提，要求學生完成每一個單元主題，完整記錄個人的課程學習歷程，才能提供較明確的教學創新轉型的改變成效評估。

　　前述的單元主題學習單之所以採取自主學習使用的輔導

型學習工具，未以課程成績評量的規範性要求完成，主要的原因是想觀察教師教學設計轉型對於學生的課程學習興趣是否有明顯產生改變的成效。從學生的主題單元學習單自主學習的主動性與完成回饋效應，可以看到學生本身對課程學習的開放性與課程本身的規範性，剛好反映出教師教學設計改變後的兩種學生學習經驗所養成的傾向模式：學生對本身學習課程的開放性越高，主動參與完成的績效就會提升，對教師教學改變的設計，較不容易產生排斥學習的心理素質，但內容能不能引起學生的學習興趣，則是關鍵設計；透過課程規範性的置入，加上占分比例高的成績誘因，學生普遍都能以較積極的態度投入參與，即使有同學會產生興趣不高，或是不喜歡的倦怠感，但因為有小組必須共同合作完成的機制，積極的學生或因學習興趣或有成績誘因或是兩者皆是的前提下，仍會投入，相對降低該組被動消極學習學生的風險。

因此，綜合上述相關教師教學與學生學習歷程分析，設計公平客觀的成績考核方式與適合的學習成效評量工具，應該可以更有效控制發展教師特定或既定的教學創新或轉型設計，也可以提供學生在自我重整與同儕共整的學習幫助。為了讓教師與學生能更促進教與學之間的正向對應效應，應該要針對每週進度或單元主題置入成績考核方式，並且在教學行動過程，必須不斷往返於教學內容與學生學習成效評量工具之間的關聯性與系統化設計，觀察教師本身整合「大學城地方」與「多元敘事」雙領域的轉型教學，是否學生也能適應這種複合式建構學習模式，不斷提出修正的彈性調整。

而教學策略背後所形成的論述觀察，也應該安排適當的

進度與階段主題，探討不同的教學方法背後所指向的學生自我導向學習內涵與應用，以及學習單的設計思維上，學習單作為學習評量工具與學生學習的基礎知識內容之間，是否能夠具有相對應的互動作用，以及在施行過程可能存在的問題，再針對這些施行過程所可能存在的問題，回到教師教學策略的引導與學生學習回饋的設計，重新修正教與學之間的最適形式與方法，並提出修正教學策略，以及能客觀紀錄、並幫助學生自主建立學習歷程的最適考核方式。

第五節　教師教學解決

　　教學創新的施行是否能刺激學生更高的學習興趣，誘導學生有更多的自主性學習？是這門課進行初次實驗時，提供排除主題學習單成為評量工具的主因。雖然，主題學習單在本門課的設計，有具體落實教師教學內容、提供學生建構學習的鷹架作用；因此，學生是否會主動使用主題學習單，以及使用情形的觀察評估，可以了解學生對於課程教學創新的真實想法。

　　從本班學生自主使用學習單的比例與填寫情況來說，普遍偏低。完成比例列表如下：

主題	單元名稱	完成比例
一	多元敘事導論	7/35
二	地方敘事導論	5/35
三	建構大學城——空間概念 VS.地方概念	4/35

主題	單元名稱	完成比例
四	小組任務——知識建構敘事練習 「大學城導論」PPT（3 分鐘）	35/35
五	小組任務——個案分析 「國外大學城個案」PPT（3 分鐘）	35/35
六	好用的敘事工具——「心智圖」	9/35
七	場域觀察 1 從校園到中原商圈的巡禮觀察	8/35
八	場域觀察 2 中原大學城生活軌跡與影像故事	6/35
九	地方敘事圖漫工作坊——周文鵬老師	35/35
十	地方敘事主題演講——陳俊有老師	0/35
十一	「我的大學城、我的足跡故事」策展學習軌跡（自由紀錄）	0/35
十二	「我的大學城、我的足跡故事」聯合策展	35/35

　　這些主題學習中，傾向認知學習單元有「多元敘事導論」、「地方敘事導論」、「建構大學城——空間概念 VS.地方概念」、「地方敘事主題演講」，強調小組團體合作學習單元有「 小組任務——知識建構敘事練習」、「小組任務——個案分析」、「地方敘事圖漫工作坊」、實作學習單元「好用的敘事工具——心智圖」、「我的大學城、我的足跡故事學習軌跡」。從學習單元的屬性來說，個體認知學習的自主性最低；「地方敘事圖漫工作坊」因安排教師與講員進行個別指導，具現場監督性與即時性，以及小組任務與策展均需同儕互評、且列入成績考核項目，完成度最高；踏查的場域探究與策

展過程的自由紀錄，學生有學習行動，但缺乏觀察工具的使用習慣，既不積極使用學習單所提供的觀察結構紀錄表，也無人將策展討論紀錄下來的習慣，而傾向於「直接做出來」。

從上述學習單使用的外顯表現來看，可以發現學習設計的多元化對於整體學生而言，雖然不能有效提升自主學習能力，但對部份學生來說，仍能產生部份刺激效果，而願意主動使用學習單。這也顯示學生的自主學習與對單元本身的興趣仍有正向關係。再從課堂上的教學主體與學習主體的互動性來看，教師多次提醒學生可以透過學習單，即時了解自己的學習情況，但多數學生的學習行為仍停留在「坐著聽講」，只有極少數學生會在課堂配合課程教學、同步使用學習單，或是事後再自主使用學習單。因此，直接將學習單列入學生的學習評量，仍有其必要性。雖然，列入成績考核項目，無助於引導其自主性學習態度，但卻是可以提供學生完成每一項主題單元的現實誘因，並提供教師進一步觀察學習單設計之於教學內容與學習建構的有效性，以及需要精進與修正的回饋資料。

最後，不同主題學習單所使用的敘事結構形式的設計，對於該班學生來說，概念的抽象性與概念脈絡化之後的推導比較，是最難接受的認知學習模式。對於很多學生而言，空間與地方的異同與疊合，都必須透過個案的具體性呈現，才能被討論。該班學生在這種情況下，最後都是選擇用過去學習所慣用的資料整理的學習方式，討論他們心目中的「名校」的必要條件，而偏離課程教學設計聚焦於「大學城」的敘事建構與推論比較，也是始料未及。不過，從教學主體與學習主體所能共享的對等性來看，學生的學習行為傾向以保守，未能自覺省思到

自己的受限性，以及缺乏挑戰過去學習經驗所制約的理解模式，顯示學生過去養成教育極度缺乏思維思理演繹的訓練。這個問題容易導致學生較難以察覺自己在認知建構與觀察經驗之間對應與整合能力的不足。至於如何解決這個問題，仍有待不斷精進改變的教學實驗，找出對應教學策略。

因此，為了讓學生更能適應「大學城地方」與「多元敘事」雙主軸的複合式建構學習模式，除了保持原課程的基本教學創新設計的理念與架構，主題學習單不只作為學生自我建構大學城地方知識的學習鷹架，也應該納入教師對課程教學評量的回饋機制。透過學生的學習單回饋，教師可以更聚焦於學生對於知識核心的關鍵學習的理解、掌握與反應，並且可以作為下次施行「教材」、「教法」的修正與再精進，對於課程教學策略的最適調整，也會有所助益。

從學生的學期整體表現，從認知建構、到網路的個案探究、到現實的場域探究，學生在探究過程，普遍會遇到的問題就是不知道如何將認知建構的知識，整合運用在個案觀察分析，進而形成個人對個案觀察分析的論理。如何從「大學城」的核心知識形成或建構思維立場，更無縫銜接認知建構與探究學習之間所可能發展的「地方知識」？學生在這個過渡學習，過分依賴既定學習模式，而難產生新的連結與思考開發，要如何繼續克服？並能以更有效的教學策略，輔助學生自然改變單一學習模式的心智運作，促使教學創新也能相對為學生創造更有彈性的學習心智適應。

本課程的施行方法是將「地方」視為一種知識，也是一種實踐，而嘗試以多元敘事作為學生建構知識與實踐行動的

「形式表現」方式。但是，如何內化產生連結、並形成行動與意義？除了從概念推演到實地體驗的整合性建構學習模式，在本課程中並未透過教材設計，讓學生累積更多體驗「大學城」的空間與地方經驗。因此，本課程在下次施行時，將嘗試加入可以幫助學生進行自我總結地方實踐體驗的地方知識與實踐地方個案，將學生從食衣住行的真實生活場域——中原大學夜市商圈觀察與實踐連結，再擴大到桃園青年深根地方與培力的經驗作為個案教學，引導學生進行生態觀點的觀察與思考，以期未來能繼續開展學生個人對「大學城」的多元接受與持續深化的建構學習。

第四章　地方經驗個案融滲「大學城地方」的教學策略與應用

本章概述

　　本章接續過去大學城地方實踐融滲「語文與修辭」課程的創新教學與應用研究系列成果，探討個案教學策略設計的重要性。主要是採取教學現場的參與觀察法。研究發現，過去以「大學城」（University Town）的知識實踐主軸取代「語文與修辭」課程原本的文學知識與應用寫作教學，引導學生在「大學城」的地方學習脈絡中，注意到自己既是「大學城」的局外人（Outsider），也是局內人（Insider），對學生有陌生化學習的疏離感。因此，為讓學生能更自主透過「局外人」與「局內人」的雙重位置與其自由切換的理解觀點，指定學生必須以此為學期主題報告──「我的大學城、我的足跡故事」的敘事位置。

　　也為了讓學生能更深入局外人與局內人之於地方所形成的微妙關係，課程以活動設計與問題導向的方式，引進四位返鄉青年的地方實踐經驗，作為個案教學的內容。透過教學活動策略的設計，將四位返鄉青年定位為課程的青年導師（非共授教師），為學生引進「青年返鄉」的身份視角，分享導師個人成長歷程之於地方所形成的局外人與局內人的特殊意識，以及他們如何從一開始的「返鄉」的局外人轉換成「在地」的局內人，進而幫助地方改變的真實經驗。

　　這個教學設略的設計主要是為了引導學生可以同理或進一步反思個人或小組如何從「大學城」的消費行為者，漸漸調整為「生活共同體」的成員意識。本章認為地方實踐經驗個案的設計教學內容，不同於一般課程演講與互動，而是可以幫助學生預備「進入地方」與深入觀察、問題探究的連結學習，藉由連結學習，引發學生更能自覺使用局外人與局內人的雙重敘事位置觀察「大學城」，並透過青年導師們所提供的經驗故事與論述，反芻於觀察自己／小組在「大學城」的生活足跡，並能積極探討「文化生活地方」與「文化生活空間」的敘事建構與意義形成。

第一節　大學城地方教學設計與實踐翻轉

　　「大學城」之於歐美擁有百年或數百年、甚至千年以上悠久歷史的知名大學來說，已經自然形成以大學為地方核心與特色發展的生活空間與生態聚落。但對於一些臺灣知名老牌大學與其鄰近地理位置所衍生的商圈，如中原大學與中原夜市商圈、逢甲大學與逢甲夜市商圈，大學校園與走出校園比鄰而居的夜市商圈的「大學城」生態，可以說是臺灣在亞洲地區中極具特色的「大學生活城」的聚落型態。但是，這樣聚焦於生活機能的「大學生活城」，顯示臺灣多數大學校園發展並未積極、或自然發展成地方、或地方社區中心的環境生態意識，點出臺灣的大學以人文藝術促進地方發展或連結地方共生的社會責任的人文生態環境經營，仍有許多值得重視討論與鼓勵推進的空間。

　　「大學城地方」教學基於前述的事實觀察基礎，從 109
學年「大學城地方實踐融滲語文與修辭探究教學研究計畫」開
始，嘗試「以知識想像地方、以文創／敘事實踐地方」的教學
理念，透過多元敘事作為學生學習鷹架的各單元內容，亦以此
為步驟方法，引進桃園在地地方青年實踐的「個案探究學習」
教學設計，循序漸進地帶領學生建立自己認知、思辨實踐「大
學城地方」的歷程檔案——包括大學生如何以自己真實生活經
驗、連結大學城地方的想像連結與問題解決，延伸出對地方關
懷實踐的共存共好意識，並激勵個人投入地方培力的志業、責
任、情懷。

　　110 學年繼續延續「多元敘事」學習是「語文與修辭」課
程可以與時俱進發展的「核心能力」，通過教師端針對不同學
習成效所設計的模組式「探究教學」，分別為學生端導入真實
生活場域觀察、個案研判分析、地方經驗與議題脈絡化等多種
不同質性的探究學習設計，可以為學生在學習多元敘事的過
程，創造「從認知地方到關係連結到實踐地方」的關鍵經驗學
習歷程。

　　這些關鍵經驗學習歷程設定「多元敘事」既是課程的學
習目標，也是學習方法。不同於傳統「語文與修辭」所對應的
主題學習與教學內容設計，多元敘事為學習目標與學習方法的
探究式課程設計，將同步成為課程教師的教學策略與課程學生
的學習鷹架，而真正的關鍵經驗學習將被轉入探究的場域中：
一是引導學生將教學展演的認知學習靈活應用在「個案探究」
的研究分析歷程；一是將「個案探究」的研究分析成果，結合
地方的特色場域的踏查體驗，利用小組合作的方式，設計出一

個具有「認識地方、連結地方、反思地方」的脈絡敘事的「我的大學城，我的足跡故事」主題報告，敘事形式可自選自定。

　　教師主體的教學端而言，教師在這個過程所面對的困難，不只是過去執行計畫實際遇到學生個體本身的特質經歷、不同個體組成的團隊效應、面對問題與場域變化中各種可能發生的情境與狀況，以及涉及學生本身對於未知變化與可能變化之間的體驗啟發與控制學習等變因；還有如何改變學生過去課堂制式化與慣性認知學習的單向化、扁平化的接受——反應模式；真正最困難的地方在於脈絡知識與經驗知識之間彼此互證互明，以及在進入地方之前應該要調整好的學習心態，特別是地方人事關係互動上的應對進退——這是大部份學生難以理解、特別是都市成長背景的學生，對於臺灣地方在地生活與因地而異、需要時間與經驗慢慢累積的在地認知、本土意識，不僅陌生，也（很不可思議地）有許多預設的刻版印象。這使得學生之於地方知識的體驗累進，始終都帶有很強烈的自我框架或主觀判斷，「進入地方」對學生而言，勿論如何進入，連「進入」——嘗試與之共在——的基本理解都難以掌握。

　　因此，針對前述多半學生普遍缺乏同理非自己熟悉人事物與地方的心態慣性，以及對於「大學城」場域報告偏好個人／小群對主題店家的消費行為觀察紀錄，從 109 學年起，課程開始導入擁有桃園與中壢在地地方經驗人力資源，透過不同課程活動設計，如演講、實體踏查、主題工作坊等靜、動態的輔助教學活動，讓文史工作者、藝文策展人、地方藝文工作青年等地方人士，可以分享個人的地方經驗。這些經驗分享也以文字記錄、照片圖檔、PPT 檔案、影音製作等不同方式，在隔年

累進為課程教學的個案教案資料庫中，未來也希望能獲得逐年計畫提案通過與穩定經費支持的情況下，漸進開發出更穩定的教學模組，以及逐年產出更多元面向的知識脈絡化與實踐反思結合的教學教案設計。

「大學城地方」教學則是在前述的教學改變與實踐的脈絡中，透過課程的知識實踐設計的置入，讓學生能夠注意自己上課、生活足跡所至的「大學城」，在每日駐足與流動不斷交相發生的過程中，開始透過觀察發問、分析求解，關心自己所在的生活地方，也為學生預備未來能激發「以理念行動改變地方的在地青年的實踐意識」。

因此，本門課的教學實踐會更重視學生在內顯知識上的體會與收穫。也就是說，修這門課並不是為檢視學生在文學相關領域上的語文與修辭知識與應用寫作能力，而是首重個人在「大學城」中以何種自覺生活的意識與經驗累積的開發。這也延伸出一個教師教學與學生學習必須共同面對的問題：地方的外顯知識如何透過教學與學習設計漸次內化，而能成為課程教學與知識學習的前備經驗值，反饋為學生進行有意識、有意義的探究學習？

從課程評量的角度來說，這個關鍵教學的轉變，使得評量學生學習的重點不再是對於「語言」與「修辭」的知識記憶與寫作應用，而是將學生個人的大學城生活作為連結課程教學與知識學習的前備經驗值，透過課程主題內容相關認知與體驗的探究教學設計，引導學生在進行脈絡化探究的學習過程中，可以完整記錄個人對地方資訊收集、分類、分析、整合、想像敘述，同時，也能對應到自己真實世界的大學城的生活空間與

大學城地方生態空間，進而開發個人從發現問題、分析問題、探究問題、解決問題到跨文化的地方反思的關鍵學習認知與經驗累積。

　　而這些關鍵學習的認知與經驗的累積，也是促發學生能夠正確學習地方知識的根基與未來持續投入熱情的「資本」。「語言」與「修辭」則在這個脈絡，自然轉為幫助學生進行自主嘗試多元形式的地方體驗的媒介或工具。但是，如何誘發學生有更強的動機思考「進入地方」，以及願意為「進入地方」做好各項目的預備工作。能夠嫁接學生從原本自由進出空間到形成意識或意義關係進入地方的經驗類比、或同理可證轉化的經驗值，就顯得特別重要。

第二節　個案探究學習教學策略設計

　　「大學城地方」教學融滲「語文與修辭」課程原有主要的學習設計架構有三個向度，分別說明之。

一、「同儕個案」探究學習

　　將（經同意的）108 學年計畫實驗課程之學生探究學習紀錄觀察個人與小組成員的生活足跡、並以此發想「中原校園」與「中原夜市商圈」的「生活共同體空間」的文創敘事成果，成為同儕觀摩學習、教師引導深入地方思考的教學個案教材，結合「多元敘述」語文修辭的方法的主題教學模組，即延續108 學年計畫教師之於課程敘事力的學習鷹架設計，包括：基

本圖文資料敘述、結構關係敘述（含一般文字與心智圖模式）、關鍵修辭敘事（含文字、圖漫平面廣告與影像廣告）、文化創意想像敘事（一座城市的前世、今生與未來），討論108 學年學生學習成果展演中關聯「資訊與知識」的思惟方法。

二、「大學城地方場域」探究學習

　　邀請「桃園藝文陣線」的青年藝文工作者成為課程教學策略聯盟成員，由教師所提供的學生課程學習實況與觀察經驗，客製設計適合中原大學學生的「中壢在地人」與「中壢五號倉庫藝文基地」體驗學習活動，並與課程教師進行跨域教學設計為主的合作教學，由教師端研發課程教學目的、學生學習成效導向與教學相關的地方議題設計，引導學生將他人的實踐經驗分享知識，漸進發展為學生思辨地方的論述與實踐能力。

三、反思探究學習

　　透過「中壢市井生活與文化空間」的地方場域踏查體驗學習，以及課堂教學的多元敘事學習鷹架所建立的「大學城地方」初階與高階敘述能力，回到個人在真實生活空間的大學城觀察經建與想像刺激，省思校園與校園外的環境空間的生活共同體關係，並將此關係用聯合策展方式，進行同儕互相分享、討論、詰辯的觀摩學習展演。

　　其中第二個教學設計因為 109 學年的疫情影響，將原本為本課程客製設計的實體踏查活動，轉為線上工作坊，內容也

調整為四位青年導師個人的地方經驗實踐分享與交流，意外獲得學生踴躍的支持與意見回饋。學生上線共 125 人，提問 52 題，問題多元，但總體關於「如果返鄉後，我想和講者做一樣的事，我可以怎麼做」？

在這些提問中，隱藏了現在年輕世代一個普遍的常態焦慮，「我不會排斥試試看，但我從來沒有做過，我不知道如何做，或是我應該怎麼做」。對於教師世代成長重視知識細節的「專注學習」，或強調記憶屬性的「單一學習」，「沒有經驗的不會做」是合理反映的學習認知，既是合理，無須焦慮——學習認知態度反而會強化「學了就會」、「做了就會」，或是傾向於知識學習優先於經驗學習，所以沒有經驗沒關係的想法。

相對於學生潛在或普在的焦慮，則顯示出學生在學用導向的關鍵學習，並不一定在於「學」或是「用」，而是嫁接於學與用之間的「經驗」，也促使學生在學習過程，為「用」的所學中，純粹知識屬性學習不再具有優先性與必要性，而促使教師在設計教學過程，不得不暫先擱置純粹知識所需要的相關學習設計，如訴諸歸納原則或演繹原則或各人文學科知識傳統原則下、對檢驗知識正確性或精確性的相對重視，開始大幅度轉向於如何促使學生能將學轉為用的可嫁接的多元經驗的開發設計。

對於本課程所施行的「大學城地方」教學來說，翻轉語文與修辭的傳統教學方法、改變學生「接受——反應」的認知學習慣性，以及為此延展出「多元敘事」教學鷹架，以及「大學城」地方實踐的引導探究教學策略，仍有不足之處。這也說

明，學生之於「我的大學城，我的生活足跡」的報告，為何普遍停留在自我侷限在「消費行為」的觀察與紀錄，以致課程教學相關的大學城知識，始終就是知識本身，遲遲難以發揮「知識作為一種視野」的啟迪作用。

有鑑於此，原課程所設計的「大學城地方」的知識探究或場域探究，對學生來說，不管是知識探究或場域探究，在關鍵學習的經驗值累績，尚停留在各自分立的狀態，中間還缺乏可以嫁接兩者體驗、並誘引兩者產生相互會通的「經驗值」。這也是本論文嘗試提出的教學解決——為學生引進更多「經驗值」的對話空間。

因而，在這個教學問題解決的脈絡前提下，如何透過教學設計幫助學生暫時擱置或跳脫目前個人在大學城生活所慣用的單一的經濟消費行為者身份，轉從「地方青年」身份經驗的同理可證或循跡可理解案例，引導學生重新注意「空間」的進出關係，以及「地方」的可能停留，並盡可能觀察個人經濟消費行為的「進出」與「停留」，然後再針對「進出」與「停留」盡可能描述當時心理或意識或五感當下狀態或持續狀態等種種細節，進而讓學生可以更靠近或藉由類比想像局外人（outsider），局內人（insider）之於「地方」或疊加或交錯間或疊加交錯產生的各種可能狀態。

對此，再引入「地方身份經驗」的個案敘事或故事內容，作為學生可自由嫁接於個人現實條件或真實境況的經驗參考。地方返鄉青年的經驗故事作為課程「個案設計思考」的教學策略，設定返鄉青年為「地方導師」，一方面是返鄉青年都是離鄉就讀大學的青年人，貼近多數學生現在的求學背景，另

一方面多數學生對於大學畢業後該不該回故鄉、還是往大城市就業發展，仍處於未知或無知。青年導師們各自不同的個案故事，作為經驗值的探究個案，可以提供學生更具體的未來參考案例，讓學生可以思考自己的未來選擇方向，提早預備應有與該有的能力。

教師在教學策略的設計上，除了學生課堂的共同個案觀摩學習，也提供不同個案的線上教學檔案資料庫，提供連結，讓學生自主檢視共同學習所操作的「觀察─理解」、「分析─思考」、「判斷─詮釋」的結構化探究學習程序，希望學生能夠拋開綜合直觀的「我覺得」、或依循主、客觀意念的「我認為」……等不嚴謹或驟下結論的情緒性學習習慣。

對於學生來說，「觀察─理解」、「分析─思考」、「判斷─詮釋」的結構化探究學習程序太過抽象，因此，課堂共同學習的小組分析討論，是採用更簡單的問題引導，要求學生循序漸進回答，包括：「他說了什麼」、「他為什麼這麼說／為什麼不那麼說」、「他這麼說會發生什麼事／他不這麼說可能會發生什麼事」、「這些事讓他去做了什麼或沒有作了什麼」、「他選擇做的這些事遇到什麼困難？他如何解決？」、「最後他做的事改變了什麼？沒有改變什麼？為什麼？」、「你覺得他做這些事的意義是什麼？他在追求什麼樣的自我成就與他人認同？」、「如果你是他，你會做出和他一樣的選擇嗎？為什麼？」、「你覺得他做的事／沒有做的價值是什麼？」最後，小組成員統整這些問題的回答，並根據教師提供的「觀察」、「理解」、「分析」、「思考」、「判斷」、「詮釋」的架構，研判回答的敘事句屬性。

　　前述的個案探究的教學設計，重點在於引導描述，而不是對錯判斷。引導描述的策略學習，會自然連結學生對學習對象的觀察與理解的心智態度，而觀察與理解會自然引發「為什麼」的好奇心，當為什麼的好奇心成為一種學習習慣、或演化為一種心智狀態，除了可以建設學生終身自主學習的自我滿足與成就感累積，對於他人故事背後的經驗值的學習探究，也較容易觸及到對方從開始選擇、努力學習、認真負責、決志付出、收割成就等歷程發展的心智經驗累積。

　　這些階段學習程序的引導，對學生回到理性、中立的客觀角度，研判他人的經驗值成果。特別是在進入「地方」之前，擁有地方青年導師們的地方經驗與各自累積的故事，作為討論學習對象，以及個人進入地方的先備參考經驗，也有利於幫助學生自我檢視、分析自己與地方之間連結產生或連結未產生。

　　承接前述課堂教學策略的設計與實際操作，可以看到以「個案」作為學生的知識反饋與統整學習的「探究場域」，教師亦可以適當結合 PBL（Problem based on Learning）的教學策略設計，鼓勵學生從自己的敘事回答中，再擴散到「返鄉青年」與「地方」的關係脈絡，嘗試探問「地方青年導師們做了哪些異同的事？（現象探究）」、「為什麼要做那些同或異的事？（動機探究）」、「做這些異與同的事之後得到哪些結果？（影響探究）」、「做這些異與同的事的意義是什麼？（推理判斷探究）」、「為什麼做這些異與同的事是有意義的？（連結判斷）」、「如果是你，你會做什麼？（換位思考）」……，這些脈絡化的探問，不只可以作為學生探究的鷹

架設計，學生可以透過這些鷹架，強化個人對「觀察—理解」、「分析—思考」、「判斷—詮釋」歷程展演技術，進而再帶入較抽象的問題討論，如，（根據個案）「什麼對地方來說才是最重要的關鍵條件？」、「為什麼地方需要有人的連結才能稱之地方？」……。

　　針對地方青年導師的現身說法與自我故事展演，所導入的「個案探究」的脈絡化與結構式教學策略設計應用，不僅可以幫助學生自我發展敘事力導向統整地方實踐關懷的關鍵學習經驗，也可以突破過去以認知學習與寫作模式為教學內容設計，協助學生建立對位思考的學習素養，特別是嫁接地方青年導師的個案經驗，檢視自己與真實生活空間之間的連結關係，在進出與駐留的流動關係中，是否能從地方青年導師的經驗故事中，盡可能啟發更多地方注視／凝視，以及從局外人與局內人所啟動自覺意識與地方視角。

第三節　　地方青年導師經驗導入

　　置入地方經驗個案的探究學習，除了引發學生自覺進出地方的身份與觀察意義，也能透過地方青年的實踐經驗，提供學生較易嫁接從局外人轉換到局內人身份的自覺與啟發，也期待學生發現進‧出地方、與地方建立關係的微妙關係。這些真實存在於地方、屬於地方內部的潛認知，學生可以透過課程教學策略中引進的四位「桃園藝文陣線」地方青年導師的個案故事與實踐經驗分享，除了為學生清晰而完整地勾勒出地方實踐

的在地樣貌，也藉由他們自身「進入」地方的生命故事與經驗談，刺激學生對「所在」這件事——可能在生命不同階段發展可能產生的值得思索與認真探究。

這四位青年導師的講題分別為劉醇遠「藝文行政：從打雜、創團、社區營造、地方創生到空間經營的斜槓藝術」、鄧惠如「一個非典型工作：斜槓青年們的地方實踐」、巫秀千「我們都是常民文化的發起人：社造經驗」、杜彥穎「來一趟坤甸味——從地方發現印尼客家族群」[39]。

這四位導師因背景不同、機緣不同而各自有不同的工作經驗，但因為彼此對地方的理念而聚集一起，並透過各自的專業，長年投入地方實踐的相關藝文或田野調查工作。這四位導師在地方耕耘的生命歷程與工作經驗，作為四個可讓學生進行進階脈絡分析的個案教材[40]，在設計個案的脈絡化也有不同的

---

[39] 課程最先的規劃是實體的踏查工作坊，但 109 學年因疫情影響，經由教師與青年導師的討論，調整成為四位青年導師的線上演講，並進行與青年導師線上面對面交流座談會，意外得到參與學生的熱烈迴響與提問。因此，進而萌生將地方青年導師的線上演講，從衍生課程活動設計，調整為鑲嵌式的制式課程，徵詢同意後，開始收入課程因應疫情擴賽而彈性應變的教·學檔案資料庫中，除桃園藝文陣線青年導師的地方經驗個案演講檔案，還有歷年學生的學期報告檔案，提供修課學生自由進行同儕觀摩。

[40] 學生的初階敘事練習，主要是以小組討論的方式摘要個案的經驗內容，學生可以透過「他說了什麼」、「他為什麼這麼說／為什麼不那麼說」、「他這麼說會發生什麼事／他不這麼說可能會發生什麼事」、「這些事讓他去做了什麼或沒有作了什麼」、「他選擇做的這些事遇到什麼困難？他如何解決？」、「最後他做的事改變了什麼？沒有改變什麼？為什麼？」、「你覺得他做這些事的意義是什麼？他在追求什麼樣的自我成就與他人認同？」、「如果你是他，你會做出和他一樣的選擇嗎？為什麼？」、「你覺得他做的事／沒有做的價值是什麼？」等脈絡問題，集體建立他們所關注的重點敘事，然後再讓學生開始分析各小組討論後所記錄的重點敘事，依次嘗試歸納到「觀察」、「理解」、「分析」、「思考」、「判斷」、「詮釋」的框架，並討論理由。

討論重點。每一個個案除了在設計學習單的時候，必須各自針對「觀察－理解」、「分析－思考」、「判斷－詮釋」的架構，設計重點脈絡與相關引導問題，讓學生在理解個案生命故事的同時，也能重新建構自己對個案，以及切入地方的反思重點的觀點敘事。

第一位導師個案的探究與脈絡化反思重點是「青年返鄉」與專職藝文工作選擇。透過醇遠導師的求學追夢與返鄉後的「公務員」歷程，後來因地景藝術節的「黃色小鴨」爆炸事件，開始認真思考自己對藝文實踐地方理想的意義，之後離職，於 28 歲，與一群志同道合的朋友，創立「桃園藝文陣線」，開始致力改變大眾對桃園是文化沙漠的觀感，接連辦了「回桃看藝術節」，激起很多離開桃園到外地求學、就業的青年人對桃園故鄉的認同。學習單設計了幾個問題，讓學生重建個案對地方實踐藝文的生命歷程。

第一組問題包括，為什麼醇遠老師要毅然放棄公部門的職位，轉從「私人」、「民間」位置的「桃園藝文陣線」組織，重新啟動他的藝文投入工作？他們做了哪些地方藝文工作？這些藝文工作發揮了哪些效應？你覺得這些效應之於桃園發展藝文產業起了哪些促進作用？

第二組問題包括，醇遠老師提到「桃園是文化沙漠」，作為一個桃園人或非桃園人，你的看法是什麼？為什麼你有這些看法？請條列支持這些看法的具體例證；請上網查詢歷屆「回桃看」的策展相關資料，提出你們印象最深刻的一次策展，說明策展主題與目的，以及所造成的迴響，這些迴響可以帶動桃園地區的哪些類型商家？請嘗試描述這些類型商家轉型

到文化經濟層次後，他們的商業行為不再是限於商品販售，而開始透過商品說地方的故事，他們的故事可能可以為消費者帶來什麼樣的消費意識改變？這些故事可以帶來什麼樣的桃園／中壢印象？這些印象可以改變眾人對桃園文化沙漠的過去認知嗎？為什麼？

　　第三組問題包括，桃文藝文陣線的青年返鄉，試圖透過藝文工作改變地方，你覺得他們的努力可以為桃園／中壢帶來哪些可能的價值改變？這些價值改變可能可以為桃園／中壢的變與不變，形塑出什麼樣的地方風貌？你的故鄉是否有類似（不限藝文工作）的青年返鄉個案？你覺得這些人跟你過去的工作想像有什麼一樣或不一樣？「青年返鄉」的現在進行式對地方發展多元產業，對比過去臺灣現代經濟轉型的地方發展史，有什麼不一樣？這些不一樣可能可以帶來哪些改變與影響？

　　第二位導師的個案探究與脈絡化反思重點是「地方空間經營」與「文化資產」。在第二個個案中，惠如老師與醇遠老師一樣，都曾有一般社會大眾認知的「正常」全職工作，但最後選擇做「斜槓青年」，加入桃園藝文陣線後，她的室內設計專業背景，對後來 2018 年承租中壢火車站鐵道旁的百年歷史鐵道倉庫，以及入駐後自主修復、打造為「中壢五號藝文倉庫」，有很大的助益，而「五號藝文倉庫」也成為「桃園藝文陣線」日後「用文化做社運、用藝術作革命」的重要文化地方空間。學習單問題的設計，聚焦在惠如老師全程參與的活化經驗，作為提問的起點。

　　第一組題目包括，桃園藝文陣線為什麼要承租當時臺鐵

已經破舊失修多年的「百年歷史鐵道倉庫」？他們為鐵道倉庫做了什麼？這些努力使得鐵道倉庫成為什麼樣的藝文基地？

第二組問題包括，這個藝文基地可以有什麼樣的多元用途？這些多元用途可以幫助桃園市民認識什麼？這些認識包括了那些桃園／中壢城市的記憶？這些記憶對一個城市的形塑會產生什麼樣的質量變化？請舉例討論並詳細回答前述群組問題！

第三組問題包括，「中壢五號藝文倉庫」是桃園第一處由民間團體自主發起整修營運的歷史建物空間，後來發生了什麼事？（提示：2018-2021）這些事件包括哪些意見聲音？這些意見聲音彼此的立論點是什麼？衝突點又是什麼？為什麼會產生衝突？這些衝突包含哪些城市建造的不同想像與價值觀？你覺得一座城市需要的是什麼？當這些需要產生衝突時，請討論優先次序的選擇，並說明為什麼？

第三位導師的個案探究與脈絡化反思重點是社區營造、地方經濟與地方自治民主的相互關係。第三個個案的秀千老師是「桃園藝文陣線」共同合作夥伴之一，桃園在地社區營造人士，專職為印刷排版編輯，曾任桃園市社區營造協會專員，目前是京兆工作室負責人，多次投入桃園社區營造及文化活動工作，尤其獨門中壢鐵道家族史，以及中壢鐵道倉庫與地方產業興衰關係的文史田調知識。學習單問題的設計，主要是透過秀千老師進入地方深耕後的實踐經驗談與相契應的社區營造論述，提點學生留意臺灣高度發展現代工商經濟過程所造成的區域不均衡與地方復振／修復的修補性政策，除舒緩都市人口壓力與青年就業市場緊縮問題，秀千老師的經驗談中，也可以檢

視地方對局外人的「進入」、到獲得認同被視作局內人的溝通過程，所遭遇的困難與需要預備解決的各項能力。

　　第一組問題包括，秀千老師為什麼說社區營造的基礎是「常民文化」？什麼是常民文化？為什麼我們都是常民文化的發起人？我們所發起的常民文化可以促發哪些社區營造面向？

　　第二組問題包括，社區營造的地方大多為鄉村、小市鎮，這些地方相對城市的開放進出，很容易形成「非地方人士」與「地方人士」的屬性身份，請問你從秀千老師的經驗分享，看到了哪些可資借鏡的努力與挫折？你覺得這些努力與挫折顯示出「地方」對自己人與非自己人的對待方式？在你的經驗中，你曾經遇過嗎？如果遇過，請比較你的與秀千老師的經驗，描述兩者的異同。如果不曾遇過，請根據秀千老師的故事，討論地方人士為何會這麼在乎是不是自己人？以及彼此之間所形成的緊張關係？可能原因為何？還有秀千老師為何選擇耗時聆聽的溝通方式、而不是主動解釋？用意如何？這些溝通幫助秀千老師如何協助當地人進行社區營造工作？

　　第三組問題包括，社區總體營自臺灣 1990 年代即開始施行，什麼是社區總體營造？為什麼地方要有自己的社區總體營造？社區總體營造會帶來什麼樣的社會行動與地方改變？社區總體營造透過社區成員的動員，積極參與公共事務，發展出自己社區的理想樣貌與生活方式，對形塑地方生態有什麼樣的影響？這些影響對於地方賦權與地方自治有什麼樣的建樹？社區文化為什麼是社區總體營造的重要施行項目？以文化為核心所展開的社區總體營造工程，除了秀千老師在個案提及的執行類項，還有哪些項目？這些施行對於地方本身的世代溝通會發生

哪些變化？這些變化可以幫助地方改變自身的生態結構嗎？如果可以，可能改變的是什麼？如果不可以，不能改變的又是什麼？為什麼？

第四位導師的個案探究與脈絡化反思重點是「中壢的多元族群生態與國際思考」。杜彥穎老師是桃園藝文陣線重要的創辦夥伴，擁有豐富的文史經驗與中壢在地特色建築解說底子。個案最特別的經驗分享就是從臺灣‧中壢客家到印尼‧坤甸客家、再從印尼‧坤甸回饋臺灣‧中壢的跨國文化交流計畫執行，計畫詳細記錄印尼坤甸客家的庶民飲食日常，並透過文化行動打造中壢‧坤甸的美食再現與交換記憶。學習單的脈絡化問題設計放在中壢的新住民與其過去長期被臺灣社會「全球視野」所低估、甚至排除在外的東南亞國際視野。

第一組問題包括，彥穎老師在演講中所提到的「火龍果屋」，是由哪些新住民媽媽組成？「火龍果屋」相較其他同性質的商家商品營運，有哪些讓你印象深刻？她們曾辦理過哪些經濟文化活動？這些經濟文化活動顯示「火龍果屋」在當地社區的哪些文化特色？

第二組問題包括，火龍果屋不遠處的中壢火車站，附近有哪些國家的異國美食？為何會有這些國家的異國美食店？哪些是臺灣人會去的店？哪些是只有移工會去的店？分佈的區域為何？為何會有這些不同、但又區塊分明的足跡地圖？哪些族群在哪些區塊活動？這些區塊分布背後可能存在的社會／經濟／文化現象與意義解讀為何？

第三組問題包括，將你的視野從中壢火車站拉回中原大學城，中原大學的異國美食有哪些國家？為何跟中壢火車站附

近的國家截然不同？中原大學的大學生為何普遍缺乏假日走踏中壢火車站商圈的動機或動力？中原大學城除了一般民眾所熟悉的中原夜市商圈，附近還有哪些潛藏的文化特色經濟小區？

　　這家文化特色小區有哪些特殊店家？這些店家有哪些主題或特色文化經濟活動？這些主題或特色文化經濟活動形塑哪些值得發展的大學城印象？

　　前述是針對四位導師的演講內容所設計的脈絡化提問。這些提問遊走在個案中的經驗實證與其相關的歷史環境背景認知，主要的目的是希望透過青年導師各自生命歷程與地方相遇所發生的真實生命故事，以及各自「進入」地方發展志趣、改變地方的地方經營實務，可以讓學生更認真看待「進入」地方的意識與行動，以及背後所代表的「選擇」的價值意義。

　　所在的「大學城」對很多「離鄉」的大學生來說，不只是提供食衣住行育樂的消費空間，而在某些意義來說，也代表長達四年青春流金歲月的課餘生活的「進駐‧入住」。大學城地方教學融滲「語言與修辭」課程的個案教學設計，則是希望學生能在嫁接大學城地方的學習意識上，能透過地方青年導師的實踐經驗分享，打開個人對「所在」空間或地方的重視，以及透過提問與回答，引導學生能更多關注地方議題。

第四節　理論與實務並進

　　以「個案探索」作為嫁接多元敘事與地方實踐的探究教學策略，期許有助於學生自我培養從局外人到局內人的地方意

識，也可讓學生接觸更多不同切入地方的視角。更可具體了解地方公共事務。

在教學端，教師的預期目標，透過脈絡化的引導設計，讓同學可以逐步完成「觀察—理解」、「分析—思考」、「判斷—詮釋」等程序敘事練習與紀錄，除了進行對個案提出的問題覺察與分析，還可以將這些程序敘事累進為自己的經驗值，進而轉化為個人對地方的連結與認同意識。這個過程涉及到學生要如何自我統整「知識理解」與「經驗判斷」之間的學習轉化效益。「個案探究」作為最適教學與學習策略之一，可以透過個案分析的脈絡化引導設計教學與其相對應的學生程序學習，讓學生可以自主探索「個案」，並階段性完成「觀察—理解」、「分析—思考」、「判斷—詮釋」等程序敘事，並能發展出個人對進入地方的先備經驗值知識。

教師對於個案探究的脈絡化引導教學與敘事任務活動設計，可以協助學生從多元角度的自由探究「地方行動」，透過他人的「地方行動」案例的觀察分析，除了累進為自己與小組同儕進入地方的先備知識，也可以產生「他山之石可以攻錯」的經驗值吸收與學習的參考效應。從學生端來說，教師端不再只是主動教學者，更是積極引導的偕同學習者。

因此，學生必須將自己調整成自主學習者，才能在場域學習的過程，體會如何將不同的敘事方法應用、完成教師脈絡化教學引導所安排的學習任務，並完整建立個人對於「觀察—理解」、「分析—思考」、「判斷—詮釋」的敘事表達學習歷程，並將此學習歷程轉化為個人對地方的先備經驗知識。這個過程適度引入跨域合作教學的方式進行，除教師原本的課程教

學內容規劃，透過在地青年改變地方的熱情與經驗引入，可以幫助學生將原本抽象的地方知識，變成可以應用在檢驗不同個案的「理解」與「分析」進路。

　　這些進路在未來，可以繼續累進為幫助學生進階使用各式文化理論進行「地方凝視」的先備轉化經驗知識。「大學地方」對於學生而言，不只是校園與鄰近商圈、社區……等區域連結空間，更是學生結合課堂多元敘事學習的應用與體驗場域，從概念理解到踏查體驗到個案分析的探究學習歷程，涉及的是學生如何將地方認知與體驗，透過多元敘事思考與表達，自我整合知識與經驗的關鍵學習，然後回饋到自己與同儕在真實生活空間的反思敘事行動。

第五章　「大學城地方」的議題開發教學與影像敘事實作

本章概述

　　本章延續「大學城」探究框架引入通識「語文與修辭」課程的設計，深化發展「大學城」作為場域觀察的引導教學鷹架，以及個案設計思考的實作導向教學，並將地方議題的開發與價值傳遞作為深度探究學習的課程規劃與教學策略。除翻轉「語文與修辭」課程本身的語文賞析與修辭應用的靜態學習，也嘗試通過觀察、紀錄、反思中原大學校園與鄰近中原商圈的真實生態關係，然後透過影像敘事的實作，啟發學生進行地方論述與場域觀察互證推導的興趣，進而更有意願繼續探究「中原大學城」的地方意義與開發價值。

　　在教學引導策略設計上，分別從教師教學與學生學習兩端，提出觀察地方的教學論述與進入地方的探究學習的雙主軸教學模組，並提供學生「觀察地方」與「進入地方」的學習鷹架（scaffolding），嘗試讓學生自主建構大學城個案的探究分析與場域實證的學習經驗，最後再透過以議題開發導向的「影像敘事」實作，自我追蹤並完成個人對地方的實踐探究學習歷程，進而自然引發學生對地方議題探勘與價值詮釋的學習歷程與學習興趣。

　　在影像敘事實作教學上，以「紀錄片實作工作坊」引進業師

資源，規劃「課堂實作系列演講」與「課後實體駐點指導」的雙軌活動設計，協助學生能快速將認知學習轉為應用行動，促發學生在進行實作過程，不只是用影像拍攝出一個有公共議題導向的地方故事，而能更逐步踏實、自覺於不斷思考並能累積「影像說故事」背後的「導演」觀點與意義價值判斷。

最後，大學城地方實踐與議題開發的教學傳達，能讓教師更自覺轉向認知教學與行動教學的整合型教學設計思維，並且通過影像敘事的實作歷程，讓學生自主完成觀察地方、分析地方、實踐地方、詮釋地方、反思地方的學習歷程，進而激發學生對地方的同在感與認同價值。

第一節　教學翻轉的契機

以「大學城地方實踐融滲教學探究」的教學設計翻轉，最早的想法來自於中原大學與中原夜市商圈所形成的複合型生活空間與生態的觀察。中原夜市商圈可以說是依附中原社區與商圈而形成的聚店商圈。為中原學生、社區居民提供了飲食、休閒、娛樂等多元生活經濟消費與需要。但是，從國外所發展出以大學為地方知識、藝文與生活中心的「大學生活城」型態與概念來看，中原大學與中原夜市的地理比鄰關係，以及臺灣知名老牌大學與其鄰近地理位置所衍生商圈（如逢甲大學與逢甲夜市商圈、東海大學與東海夜市等），大學校園與走出校園比鄰而居的夜市商圈的「大學城」生態，可以說是臺灣在亞洲地區中極具特色的「大學生活城」的聚落型態。

　　但是，這樣聚焦於生活機能的「大學生活城」，相較於歐美擁有百年或數百年以上的知名大學的「大學城」——大學為地方核心與特色發展的生活生態空間，臺灣普遍大學附近所衍生出來的「大學生活城」，顯示臺灣多數大學校園發展並未積極、或自然發展成地方、或地方社區中心的環境生態意識，顯示臺灣大學以人文藝術促進地方發展或連結地方共生的社會責任的人文生態環境經營，仍有許多值得重視討論與鼓勵推進的空間。因此，「大學城」作為臺灣年輕世代大學求學階段的重要生活空間，是否有可能結合課程設計，將之導入為課程的學習場域，讓學生能從自己的觀察與生活實踐經驗中，發展出自己的論述，並能反思大學社會責任之於大學生個體公民素養深化與地方價值認同的啟發意義。

　　就在前述的想法下，筆者通過教育部教學實踐研究計畫的支持，連續以「中原文創大學城課程的場域實踐歷程與評量設計研究」計畫（108）、「大學城地方實踐融滲語文與修辭探究教學研究」計畫（109）、「大學城地方實踐與個案設計思考融滲語文與修辭探究教學研究計畫」（110），漸次發展出以「中原文創大學城」為設計思考的課程架構（framework），從「大學城知識脈絡」與「多元敘事形式」雙主軸的探究教學與學習鷹架（scaffolding），配合學生的學習狀態漸次調整為「觀察地方」與「進入地方」雙主軸模式搭配影像敘事形式練習回饋的課程設計，結合每週主題單元學習，引導學生從「文創大學城」的生活與設計思維，累積學生對每天習以為常的日常空間進行觀察、紀錄、分析、整合、判斷、反思等歷程經驗，最後，希望透過這些歷程經驗，學生能

開發自主發現問題或開發議題，了解中原大學校園與鄰近中原商圈的真實生態關係，並從中思考如何增進地方認同或地方價值創造的實踐創意與行動。

第二節　「大學城地方實踐」的教與學深化

　　從「大學城地方實踐」課程內容設計開發，到議題開發融滲教學探究與影像敘事實作的教學模式，是一個多年漸進式發展與滾動修正的實驗結果。包括：108 學年「中原文創大學城課程的場域實踐歷程與評量設計研究」計畫開始，並為後續的課程設計奠下原型基礎與精神。當時主要針對「中原文創大學城」的作為非典型 USR 的通識課程為發想，從設計課程綱要、對應課綱，專業教學內容、相關教學與學習評估等相關教學理論與實踐操作等為研究對象與成果。執行完畢後，考量「中原文創大學城」課程場域介於校園與商圈之間的非典型 USR 性質，無法排除商圈商家視商營目的高過消費者訴求的衝突，而商圈商家流動甚速，學生端所提出的方案也並未必能獲得商家的認同，認為非典型 USR 不適合繼續發展成 USR 課程，故將其研究成果的原型教學模組，轉為教材與教法的設計，應用在教師個人長年開設課程「語文與修辭」中，希望能翻轉此類課程以文學或應用語文為核心的教材教法選用，而可以實際應用課程所學到的多元敘事能力，透過小組合作方式，配合課程的多元敘事力學習設計，完整體驗專案計畫從對象觀察、問題解決、創意發想、設定主題、規劃步驟、溝通協調、

組織人力、完成執行等關鍵學習過程。

　　到了 109 學年重新調整「教學」與「教材」設計的實踐主軸，提出「大學城地方實踐融滲語文與修辭探究教學研究」計畫，並轉到「通識學門」繼續申請教育部教學實踐研究計畫，順利通過。不同於 108 學年計畫所強調的大學社會實踐精神，執行內容主要是將課程的學習架構，朝向系統化的探究學習設計，根據設計，進行最適教學鷹架評估與執行。

　　研究與實踐成果包括：一、真實場域探究學習：紀錄觀察個人與小組成員的生活足跡，並以此發想「中原校園」與「中原夜市商圈」的「生活共同體空間」的文創敘事想像；二、網路場域探究學習：依照個人、小組意願與興趣導向，利用網路資訊自由檢索國外知名大學的「大學城」，建立該大學城的「多元敘述」資料檔案簿（即教師之於課程敘事力的學習鷹架設計），包括：基本圖文資料敘述、結構關係敘述（含一般文字與心智圖模式）、關鍵修辭敘事（含文字、圖漫平面廣告與影像廣告）、文化創意想像敘事（一座城市的前世、今生與未來）；三、反思探究學習：透過網路探究學習與多元敘事學習鷹架所建立的「理想大學城」敘述，對應真實生活空間的大學城經驗（包括解決場域中觀察到的真實問題），將之以建議發想的方式，結合「一座城市的前世、今生與未來」的概念展演出來。

　　110 年延續 109 年的計畫成果，提出「大學城地方實踐與個案設計思考融滲語文與修辭探究教學研究計畫」，藉由個案深化學生對地方實踐的經驗體會。本計畫在執行上，嘗試加入可以幫助學生進行自我總結地方實踐體驗的地方知識與實踐地

方個案，將學生從食衣住行的真實生活場域——中原大學夜市商圈觀察與實踐連結，擴大到中壢地方青年培力深根地方藝文的「中壢五號倉庫藝文基地」與其附近環境的空間生態，引導學生進行深入觀察與問題探究的連結學習，並透過相關地方生態認知的個案設計教學，引導學生自我建構體驗知識的語言省察與地方修辭的組織能力，並漸進將描述地方的實踐導向的初階語文修辭能力，開始轉向發展為論述地方的思辨導向的高階語文修辭能力。

其中，課程規劃邀請「桃園藝文陣線」進行跨域合作，透過多元化的課程教學活動設計，展演他們如何從（與學生一樣的）「青年身分」實踐改變地方的理想與案例經驗，與教師一起帶領學生利用課程探究學習設計所學到的體驗知識，實際進入地方實踐的真實場域中，嘗試以敘事建構思維角度探究大學校園與校園周遭地區環境的「文化生活空間」關係，以及透過連結敘事發想的敘事實作，成為連結地方的敘述實踐者。以人文影像記錄只是當年學生回饋學習的選擇形式之一。

而在這三年的教學現場中，除了透過計畫導向的教師教學設計的改變，學生端則透過網路探究與場域探究的學習歷程，從對大學城的地方資訊收集、分類、分析、整合、想像，對應到自己真實世界的大學城的生活空間中，也在過程中學習發現問題、分析問題、探究問題、解決問題到跨文化的地方反思，再將這個歷程的個人與團體反思結果，以多元敘事形式或行動展演出來。對於教學改變之後的學生學習成效，教師在教學現場的觀察與行動研究，大概可以歸納以下幾個重點：

（一）學生對動態學習興趣高於靜態。

　　（二）學生主動改變過去較熟悉單向式的教師講──學生聽模式，樂於接受課程所提供知識內容與敘事方法的雙重建構的系統化學習模式，此一期待並不如教師所預期，且多數學生在雙主軸的系統學習模式中，很快暴露出對抽象概念缺乏興趣理解的陌生化學習態度，並普遍傾向缺乏自我整合訓練的缺點。

　　（三）多數學生在教師的教學回饋中，都對延伸教與學的課程活動設計，表示高度好評，顯示教學活動的設計有助於學生提升觀察與理解地方經驗的興趣。

　　（四）學生的策展成果與表現動機，確實能鼓勵學生投入學習表現中。

　　根據以上的歸納重點，證實教師的教學設計可以帶動學生多元學習的興趣，但是，也必須針對原本設計的知識內容與敘事方法的雙重建構的系統化學習模式，做滾動式的修正。因此，回到執行過程中教學主體與學習主體的互動與研究成果，更集中於理論與實作的專題導向的整合設計，將原本發散式的地方知識論述推導教學，收束為「中原文創大學城」的專題論述教學；並且將記錄不同主題知識而附帶練習的體驗導向的多元敘事工具，調整為一學期集中學習一樣專業導向的敘事形式，重新設計可以整合在任務導向的知識論述與敘事方法的雙主軸系統教學模式，提供學生有更好學習成效的學中思與做中學的深化學習經驗。議題開發融滲教學探究與影像敘事實作的結構設計，成為「中原文創大學城」地方實踐與探究教學的挑戰方向。

　　而這也確實影響課程導向教學之所以在「觀察地方」與

「進入地方」的雙主軸鷹架學習歷程中，為何會聚焦於議題開發融滲教學探究與影像敘事實作的結構設計。主要原因來自於學生對影像的興趣高於文字書寫，希望能透過專題脈絡下的影像紀錄的學習任務，以及對地方議題的經驗個案探究，可以讓學生思考作為「中原文創大學城」設計者與生活者的觀察者與行動者意義，除了啟迪學生對於地方觀察、地方關懷的人文學習興趣，也能鼓勵學生應用課堂所學到的大學城地方知識論述，將之透過議題導向的思維設計，檢視影像與旁白／人物訪談內容之間所對應的人文觀點與敘事邏輯建構。

影像的人文觀點與敘事邏輯的建構是人文影像故事的基本組成，從課堂教學的操作來說，較困難的地方在於如何引導學生完整經歷「開發議題」、「議題故事」、「故事／影像劇本」、「觀點反思」等階段性的自我／小組團體架構過程。這個過程涉及到如何協助學生將原本是設計在教學脈絡化的大學城知識，轉化成學生對觀看地方、進入地方的後設知識背景與思考判斷，並提供學生對地方議題中的現實問題或現象，可以有一個明確的提供對照或參照分析架構。

第三節　個案教學設計

以個案結合地方場域觀察的議題開發教學策略，來自於課程施行前的教學預設與前年施行教學現場需要補充或導正的結果，其中調整幅度最大的是「中原文創大學城」主題教學與學期任務所導入的知識論述與專業化影像敘事的整合學習模

式，加入議題開發的教學設計。議題開發可以引導學生透過個案的問題思考、現象分析與整合判斷，更聚焦於地方是如何透過議題的提出，經由參與者的討論，進而凝聚可達成共識或洽商協作的方案。這個教學策略的導入，可以深化學生對地方敘事的理解與詮釋能力。

根據過去執行計畫教學與研究成果，關於「個案探究」可以得到以下幾個重要經驗事實，並根據這些經驗事實，轉化成可具體引導教學的學生學習鷹架的實質內容或學習步驟，進而幫助學生自主建立自己對問題或議題的基本觀察與思考能力：

（一）以「個案」作為學生的知識反饋與統整學習的「探究場域」，結合 PBL（Problem based on Learning）的教學引導技巧，讓學生可以從個案的主題內容，逐步進行「哪些人做了哪些事？（現象）」、「為什麼要做那些事？（動機）」、「做這些事之後得到哪些結果？（影響）」、「做這些事的意義是什麼？（推理判斷）」、「為什麼做這些事是有意義的？（連結判斷）」、「如果是你，你會做什麼？（換位思考）」……，這些脈絡化的探問，可以作為學生探究的鷹架設計，學生可以透過這些鷹架自我建構個人對「觀察—理解」、「分析—思考」、「判斷—詮釋」歷程展演技術，進而再帶入較抽象的問題討論，如，（根據個案）「什麼對地方來說才是最重要的關鍵條件？」、「為什麼地方需要有人的連結才能稱之地？」……，確實可以形成「個案探究」的脈絡化與結構式教學設計。

（二）「個案探究」的脈絡化與結構式教學設計，不僅

可以幫助學生自我發展敘事力導向統整地方實踐關懷的關鍵學習經驗，也可以突破過去以認知學習與寫作模式為教學內容設計，協助學生建立對位思考的學習素養，然後可以依循個案的經驗，檢視自己與真實生活空間之間的連結關係，重新省思「大學城」之於個人、校園、夜市商圈、藝文社群所串連的地方生活共同體，進而思索以「大學」作為地方核心、以及以此發展「大學城」的地方文化的可能性與意義所在，然後以課程任務要求學生運用課程學習到的多元敘事技術，去設計相關行動想像與實踐方式。

（三）「個案探究學習」的開發研究，從教師端來說，教師透過最適教學策略的評估與學習評量的資料收集，得知學生透過「個案探究」所反饋的地方「觀察—理解」、「分析—思考」、「判斷—詮釋」等程序學習紀錄，確實有助於啟迪學生的在地想像與實踐，以及透過評價經驗值的產生影響學生轉識成智的啟發可能；但是，從學生端來說，學生在教師提供的多元敘事的教學策略所開始的敘事學習與行動，卻因多元敘事工具的紀錄方式，將原本可以由點到點的漸次連線到擴面的知識內容，卻因此散開來，學生無法自行或有效地將每個主題推導，整合自己可以「凝視地方」的知識觀點。

從上述經驗事實與教學現場的逐年滾動修正結果來看，可以得知學生在建構自己對地方的理解與想像時，「個案探究學習」是有益於學生學習的教學設計模式。但是，要如何克服每個學生舊有個體認知與經驗的不同，而能更聚焦、統整課程的課堂教學目標，讓教學目標得以完成預設學生學習的效果？就這三年的實驗結果來看，學生學習工具的設計與施行後的觀

察分析，可以協助教師自主調整、判斷更適合學生的教學策略與教學修正，其中，改變最大的是，更有意識將原本設計為協助學生學習地方知識的多元敘事學習工具，進而調整為任務導向的單一影像敘事形式，以此聚焦課程所安排的地方知識論述學習與自我回饋。

至於如何再深化學生對觀察地方、進入地方的知識探究與專業敘事學習？因此，認為教師對學生的信心、期待引導與課堂教學上的策略方法，可以鼓勵、協助學生更能展現主動的學習性與積極興趣，然後不斷根據學生的學期學習回饋，持續做精進教學設計的自我翻轉，以期能更幫助學生做知識深化的地方探究學習。

就過去執行計畫的經驗來說，修課學生在自我建構地方認知過程，大多偏向慣性從他們日常生活的食、衣、住、行、娛樂等消費足跡開始，雖然，學生們都能發掘有趣的主題，但僅停留現象描述，未能有效運用課堂教學所建構的「大學城」概念，進一步將之對主題店家或行為觀察，放在「大學城」的地方脈絡，繼續探究這些主題商家或行為之於中原大學城的機能性質、空間分布、殊化或普化現象、環境建設、經濟效益……等問題，表示學生尚未能將大學城的先備知識，自主連結到觀察現象的探究分析，進而對觀察現象或行為的顯現或形成繼續提問。

針對前述問題，教師在後續做滾動式修正時，則嘗試從加入「議題開發」的教學設計實踐開始，希望可以透過相關於「中原文創大學城」主題範圍的議題提出與課堂討論，實際從現場教學中，幫助學生運用先備知識連結現象觀察，並再加上

任務導向的指定影像敘事形式的深化學習，增加學生從概念與現象的議題理解，輔佐以延伸解決問題或創意發想提案的應用型任務，增加不同視角的學習經驗刺激。同時，學生可以通過自己有興趣的議題開發，觀察中原大學與鄰近中原夜市商圈、不同性質社區所形成的生態環境，並從觀察中，培養並發展出「凝視地方」的特定角度，並將之以影像敘事的方式，呈現個人或群體的觀點。

從教學端來說，教師可以從學生的課堂討論現場，直接考察學生對於個案的地方觀察與觀點思考，以及對於該個案所延伸出相關於或可對應於「中原文創大學城」的議題，再針對學生所提出的議題，適度導入教學內容的大學城知識論述，並以小組學期任務方式，讓學生選擇有興趣的議題，回到中原大學城——也就是學生們平常所不斷停留與移動的日常生活場域，重新思考自己與這個場域的關係，並開始從這個關係的位置角度，考察自己日常生活動線與行動場域中的駐留與移動，並嘗試將這些發散的觀察，慢慢集中、聚焦於更明晰的議題或主題範圍，然後開始做影像與文字的對應記錄。

從學生端來說，這些來自課程每周主題進度與內容安排所要求紀錄的影像與文字，則會成為學生對地方觀察與記錄的學習歷程，也希望學生在進行觀察與紀錄的同時，漸漸養成自覺與反思同步進行的觀察紀錄習慣。這些觀察紀錄的學習歷程，對於學生來說，就是自己或小組進入地方的前備經驗。這些前備經驗可以幫助學生在課程真正進入影像敘事實作階段，已經有個人觀察、紀錄影像的發散式或集中式經驗，而更容易銜接後續由業師負責的專業人文影像相關教學內容與技術應

用，也較能順利將前備經驗融入專業學習，進而在執行學期任務階段，得以轉化為一個不只明確表達自己觀點，也可將此提升為具有特定立場的地方觀點的影像故事或紀錄。

第四節　影像敘事實作

　　課程的影像敘事實作的教學設計，基本上是根據課程的每周主題與進度內容安排，並配合 108-110 學年執行過的課堂教學現場觀察與學生主題學習單回饋，去蕪存菁，重新調整為配合「中原文創大學城主題影像故事」學期實作任務的「全紀錄學習單」。而「全紀錄學習單」將導入「設計思維」中的觀看與思考方式，結合課程教師的探究教學與業界導師的「紀錄片實作工作坊」教學，協助學生能自主完成一個有地方觀點與完整故事結構的微紀錄／微電影拍攝腳本，並將之拍攝出來。

　　為了更能完備學生的課程任務，在課程教學設計上，導入「議題開發的設計思考」對「觀察地方」（教師教學策略方法）與「進入地方」（學生探究學習方法）雙主軸教學模組的教學思維設計，作為配搭「影像敘事」實作整合學生自主應用設計思考的前提教學，主要的目的在於有助提升學生對地方探勘與價值詮釋的學習興趣與學習歷程成效。

　　課程教師的課堂教學將提供學生「觀察地方」與「進入地方」的「學習鷹架」（scaffolding），作為學生在學期課程的前半部學習，以二個不同向度的探究學習的教學設計為主要設計內容：

　　一、「大學城」的個案探究學習：在 108-110 年執行網路場域探究學習的基礎，納入 108-110 學年學生執行「我的大學城，我的生活／生命故事」的學習成果案例，帶領學生將課堂上所學到的大學城想像與建構的地方知識，挑選其中一個個案，應用習得，分析此個案中所展現的理解觀點與美學詮釋，甚至可以給出「改進」建議。

　　二、真實場域探究學習：鼓勵學生秉持實證精神，追蹤此個案的足跡內容，考察、分析個案中所呈現的事實與理解觀點，並且能嘗試從個案的事實與理解觀點，繼續推敲、探索此個案所選擇的美學形式表現的設計觀點　而學生在學期課程的後半部學習上，則會集中於業師所主導的「紀錄片實作工作坊」教學。

　　以本課程的案例來說，110 學年已經獲得與桃園市一家中小企業的人文影像專業經營公司「神創意國際影像公司」，進行跨界教學合作的機會。原則上，課堂教師負責課程前半部「觀察地方」脈絡教學，主責中原文創探究與大學城知識探究；到了課程下半場「進入地方」，課堂教師將依循雙方討論的教學實踐規劃，轉為協作偕同教師，並規劃引入「紀錄片實作工作坊」的教學資源與固定跨域對話時間，協助學生能盡快進入狀況。

　　除此之外，在業師的課堂駐點教學現場，協作偕同教師將根據業界導師當週的演講教學，提供相關地方知識論述的補充說明，幫助學生快速將課程前半部的內容習得，整合應用在後半部的紀錄片實作體驗中，以期學生在進行實作過程，「不只是用影像拍攝出一個地方故事」，而能逐步踏實、自覺於不

斷思考並累積「影像說故事」背後的「導演」觀點與意義探索的拍攝創作的對話經驗。

因此，在課程後半部的教學規劃上，「神創意國際影像公司」旗下的資深紀錄片導演將成為本課程教學實踐所規劃的「紀錄片實作工作坊」主責講師，課程教師將以協作偕同教師主持演講完之後的跨域對話與 Q&A 時間。工作坊教學執行目前暫定規劃為「課堂實作系列演講」與「課外實體駐點指導」兩種並行形式，協助學生獲得精簡但完整的紀錄片腳本寫作與執行技術的專業跨域學習歷程。

「課堂實作系列演講」的學生習得重點，包括：編劇的故事基本架構與工作內容；鏡頭分類（近景、中景、遠景）與分鏡概念；基本剪接技巧（線性與分線性剪接）與產生效果（時間軸與故事間的變化）；聲音技術、畫內音與畫外音、聲音表現功能；色彩技術與觀眾感知；認識紀錄片、紀錄片的拍攝過程到後製、不同拍攝方式如何產生不同紀錄片的觀點等。

「課外實體駐點指導」則根據參與班級規劃課外的實體駐點時間，邀請導演在駐點時間，以業界導師身份，提供同學進行小組討論與專業經驗回饋指導的學習資源。

前述由業界端引入主責影像敘事實作的教學設計合作，以及課程教師提供的即時現場知識轉化的協作溝通教學模式，都是希望能夠在「大學城地方實踐融滲教學探究」的教學設計基礎上，不只繼續向前推進，還能刺激學生在思考「設計創新」的同時，透過「中原文創大學城」的議題開發與價值探索的導入，學習人文觀點的影像觀察與紀錄。因此，結合不同敘事專業領域的跨域合作教學模式，不僅可以從領域的跨界，協

助學生從系統知識的學習鷹架，累積地方的觀點經驗；而另一方面，課程的實作與任務完成設計，則可以視為是學生對大學城地方知識觀點學習的即時回饋機制，除了提供學生來自業師端的專業技術與經驗指導，學生也能借助他們的專業指導，確保完成他們對「中原文創大學城」的「人文觀點」的影像或故事創作。

為了配合紀錄片編導的專業跨域教學合作，課程也將原本安排在學習歷程的多元敘事形式的其一主學習鷹架，調整為更能聚焦於「完成紀錄片」、以及以影像敘事為主所開展的學習鷹架設計模式。而在課程施行期間聚焦於影像敘事建構地方觀點的學習鷹架，除作為教學創新的自我翻轉實踐，也將成為學生是否有效應用「設計思維」在「中原文創大學城」的議題探究與實作的即時回饋與課後分析的質性資料，提供教師做滾動式修正。

以下針對教學設計與滾動修正做更細節的說明。

在教學設計上，目前規劃「觀點地方」的實作任務、「觀察地方」的教學設計、「進入地方」的教學設計，說明如下：

一、「觀點地方」的實作任務設計

修課學生須以小組分工方式，討論確定主題後，撰寫一個有觀點、有故事的微紀錄片腳本，拍攝成果須參加當學期課程學習成果展，並附上所有工作人員名單之紀錄片宣傳海報。

二、「觀察地方」的教學設計

系列主題包括：（一）導論 1：地方與空間；（二）導論 2 海外篇：大學城的歷史、發展與類型；（三）導論 3 本土篇：臺灣的「大學城」發展與類型；（四）導論 4：「中原大學城」的過去、現在與未來；（五）青年地方觀點與行動啟發：為地方尋找故事與說故事；（六）個案探究：中原學生的中原大學城觀察與探討足跡；（七）個案探究：追蹤個案足跡與「我們」的觀點；（八）從個案探究足跡導入「議題」探究：拍攝微紀錄片的「主題」與「觀點」。教學方法的使用，將針對學生的探究學習歷程，以講述法為他們建構完整的大學城相關知識與資訊，作為先備個案探究的先備經驗；等學生進入個案探究的教學進度，在教學設計上，再分為個案的分析探究與個案的場域探究等兩種探究教學策略，最後引導學生針對個案做地方觀察的整體評論與大學生同儕建議。

三、「進入地方」的教學設計

引入紀錄片從業人員的專業技能授課與經驗資源。原授課教主導師轉為協同協作教學，提供技能操作背後所需要的論述基礎，隨時提供學生觀察地方的人文觀點補充說明。目前專業技能課程規劃的內容有：（一）完整編劇的故事基本架構與工作內容；（二）鏡頭分類（近景、中景、遠景）與分鏡概念；（三）基本剪接技巧（線性與非線性剪接）與產生效果（時間軸與故事間的變化）；（四）聲音技術、畫內音與畫外音、聲音表現功能；（五）色彩技術與觀眾感知；（六）認識

紀錄片、紀錄片的拍攝過程到後製；（七）不同拍攝方式如何產生不同紀錄片的觀點等。（實際上課內容將依照計畫經費與業師建議做部份調整）。

為了讓學生可以有效回饋拍攝技能的學習，本計畫將安排每週班級二小時課外實體的導演駐點時間，邀請導演以業界導師身份，提供同學進行小組拍攝討論與專業經驗回饋指導的學習資源。如前述「紀錄地方」、「觀察地方」、「進入地方」的教學設計與規劃，學生在「語言與修辭」課程，不只學到關於「地方」的知識，還能將之應用在自己與同學的生活足跡圈中，透過探究學習，以特定的方法，學習觀察自己、觀察同學、觀察過去修課學姊長的學期策展個案，循序漸進建構自己「凝視」地方的認知與思考架構；學生有了「凝視」地方的認知與思考架構後，再透過課程附贈學習的「紀錄片」拍攝技術的影像語言與修辭方法，完成學期課程任務——一支「有觀點的地方故事」的微紀錄片。

第五節　小結

「大學城地方實踐融滲教學探究」的課程設計，是以實踐創新教學的理念與精神，分別從課程屬性、教學模組、增能設計三個向度，翻轉「語文與修辭」課程：

（一）在課程屬性上，將原本是大一國文屬性的「語文與修辭」課程，從文學核心價值與文書應用的教學規劃設計，翻轉到地方觀察與地方實踐的思維設計導向，但仍能扣緊「語

文」表達與「修辭」學習的原課程精神。

（二）在教學模組上，本計畫繼續在「地方知識教學論述＋多元敘事學習鷹架」的雙主軸教學設計基礎上，精化為「觀察地方的教學策略」與「進入地方的學習策略」的雙主軸架構，並嘗試做課程內部設計的自我精進與翻轉創新。包括：將課程學習歷程紀錄工具的多元敘事形式的發散式學習，調整為專業敘事導向的單一影像敘事形式的完整歷程設計；並與合作業師逐年引進不同影像敘事類型，如紀錄片、微電影、微廣告、微攝影集、甚至各種地方圖漫敘事、地方文創日誌敘事、地景的時空敘事……等不同專業領域技能會出現的各種有趣敘事形式，提供學生初階與進階實作體驗；地方知識教學論述的推導式內容教學，直接聚焦為「中原文創大學城」的想像開發的引導式論述教學，將教師課堂上原有的地方知識論述，更集中於「中原文創大學城」的主題論述建構，透過個案的分析，求證個案中所展現的理解觀點與美學設計詮釋，累積個人或群體對「中原文創大學城」個案的「觀點」運作過程——理解、再現、詮釋等經驗，並以此做為執行學期任務之前，對「大學生如何觀看地方與進行地方議題探討」的先備經驗。

（三）在增能設計上，將課程後半段引入專業敘事領域的業師資源與實作導向教學，主責學生的專業敘事技能學習，原授課教師主導教學轉為協同協作教學，提供技能操作背後所需要的論述基礎，隨時提供學生觀察地方的人文觀點補充說明。另外再安排業師的課後駐點討論時間，業師會回饋專業經驗，協助學生自主建立學期任務所必須的專業敘事實作。

根據前述的轉化與持續精進基礎上，期待「大學城地方

實踐融滲教學探究」的課程設計，能結合議題開發與影像敘事實作設計的雙任務導向，協助學生自主建構對地方的想像啟迪與人文關懷精神，也期待學生未來離開學校後，在本課堂上所學習到與體驗到的知識與實作體驗，仍有機會能應用出來。

第六章　科技行動與經典閱讀探究教學

本章概述

　　本章嘗試引進科技行動創造對話情境體驗的探究教學策略到原大一國文的「文學經典閱讀」課程，期待以教學創新實踐增強學生透過對話方式閱讀文學經典的經驗，進而可以慢慢轉變學生對國文學習的刻板印象。實踐目的與方法有三個重點：一、改變「文學經典閱讀」課程的經典賞析的傳統教學內容，從「經典與我的智慧距離」，設計主題閱讀與反思策略解讀，引導學生接受「經典給我人生智慧，幫助我有更好的人生」的思考閱讀目的，並通過教師預設的「從經典啟動智慧」的文本閱讀策略展演，深化「與經典對話」的能力；二、以科技教學行動建立教學現場即時對話的雙向溝通的教‧學情境，並以傳統教學行為作為對照組，分析教學行動與教學情境改變對於學生接受經典的素養學習成效；三、以教‧學即時對話情境啟迪學生「轉識成智」的心智發展可能的論理探討，說明「透過經典凝視自我」的敘事歷程化練習，有助於學生累積經典閱讀的生命思考素養。

第一節　動機形成

　　中原大學「文學經典閱讀」課程的前身是「大一國

文」，即使課程名稱改變，多數修課學習者仍視之「大一國文課」，並且慣性延續個人在國中、高中學習國文的經驗態度，甚至極端一點的學習者，會嗤之以鼻坦承「就是廢課」；但是，基於大學國文教師的基本教學素養表現——「我尊重你的主觀想法，但請給我客觀事實或事理支持你的主觀想法，或是請用命題真假證明，或是前提、條件陳述、推論、結論的論述形式說明」時，幾乎沒有一個學習者可以客觀證明的方式進行「國文課是廢課」、「國文課沒有用」的推論，少數能夠回答或願意再多說一點的學習者，也都是用個人過去上國文課的經驗陳述，作為支持「我覺得國文課是廢課」或是「我認為國文課沒有用」的理由。而根據個人與這些學習者的互動經驗分析，大約 20%的學習者是真的很討厭文言文或對文學完全無感，80%則是在過去有不好的國文課上課經驗，其中最多的共通點就是討厭某國文老師[41]。

　　當然，個人經驗只能作為個人事實證明「我覺得國文課是廢課」、「我覺得國文課沒有用」這些陳述對其個人都是真的，但不能作為通則意見成立。因此，教師端的我在此時會再接續問學習者一個問題，「除了可以幫助你國文考試得分之外，你會認為你在國文課學到的知識是沒有任何用處？你真的

---

[41] 作者從教授大一國文課程到現在大一國文轉型的「文學經典閱讀」與「語文與修辭」課程，將近快二十年，近十多年來，不管教到任何一個學院的學生，每一年都會遇到「國文課無用論」的學生，近十年來，這些學生一直有比例上升的趨勢。筆者透過班級問卷與私下訪談等方式了解，主要可概括為三項原因：一、討厭過去求學經歷中遇到過的某國文老師；二、討厭文言文；三、對文學沒有興趣，也不知道學國文有什麼用。

確定國文課所學到的知識不能幫助你任何事嗎？」當然，除了少數已經對國文／文學持有根深蒂固偏見的學生，大部份的學生仍是無法可以「完全篤定」回答：「對！」

多年來身為大一國文教師，前述的對話持續發生在每年大一新生進來時的課堂教室，即使教師嘗試從「國文課為什麼叫做『國文』課？」從國文的定義、知識內涵、教・化功能、到國家定位討論「國文課」為何是「主科」；到「國文課」教科書收編教材普遍概括「國語文」功能與「文學」知識內容的混雜性、到「大一國文」與「文學經典閱讀」同為必修學分課程、但從知識的意識型態來說意義完全不同……。而不管教師是如何「細說從頭」或是「事實分析」或是「論述展演」，只能說服學習者「不管是國文課或是文學經典閱讀課程，它應該沒有我想像中的廢或是沒用」、「不是每個國文老師都很討厭，所以他／她的國文課可能也沒有那麼討厭」等諸如此類消極作為，而難以再發揮大學博雅教育在專業系統教育普遍缺乏的重要積極功能——改變個人成見，學習真理思辨。

這些學生在進入大學之前的國文課學習經驗與累積知識認知，往往無能辨識「國文」（國語文）與文學的差異，也很少有學生能透過自己的閱讀經驗，隱約或有意識發現到國語文與文學作為兩種學科背後所預設的知識學習的意識型態。因此，面對越來越高度依賴「經驗接受才能獲得知識」的學習者，抽象的、理性的、非個人現實生活中的文化美學層次或論述知識或歷史經驗，幾乎被越來越多的學習者直接排除在學習興趣之外。

對於基層的大學國文教師而言，除了勿過高期待學習者

能對高達美「真理與方法」中，從「遊戲」的方法展開對文學自由真理體會有所悟性。其中，最大的問題點在於，很多非人文專業科系的學習者都缺乏文學作為一門專門學科或知識的認知，也缺乏對通識人文博雅教育與知識的尊重。簡單言之，就是缺乏對人文教育的理解與尊重，以致自我拒絕人文教育可能帶來心智啟迪與視野改變的可能性。

根據前述經驗對話所形成的認知與判斷，本章將針對前述多年在教學現場所發現的問題，希望能更積極從教師端的教學策略與設計，改變課堂學習者對「文學經典閱讀等於大一國文課」的主觀認定與想法，也希望能夠透過教師端對於「教學目的」、「教材配合」、「教法引導」的三維設計思考，翻轉傳統教學中「文學的美感教育目的」、「文義解釋的教材配合」、「賞析閱讀的教法引導」的慣性組合教學，而將「教學目的」、「教材配合」、「教法引導」的教學思考設計轉向「如何啟迪學習者的人文學習動機」，重新在「共同教材」——特別是以文言文為主的框架範圍，從經典學習的目的轉譯調整出學習者可主動接受的刺激學習動機作為教學目的，選擇學習者熟悉且能配合教學目的展演的文本作為教材配合，以結構分析與思考應用的策略閱讀取代賞析閱讀的教學方法。

但是對於這些教師教學端在教學策略思維設計的翻轉，學習者如果不能調整自己長期以來在國高中體制國文課養成的認知慣性與學習態度，還是無法達到增進學習者人文素養的教育功能；最重要的是，要求學習者培養人文反思的能力之前，學習者的前提是已經能有主動對人文或現象或知識對象進行思考分析的態度與能力。這些都是目前大一學生普遍缺乏的素養

能力。

　　因此，要如何在短時間內改變學習者對國文課的積習與不良態度？學習動機的刺激與環境行為的制約，是教師教學端可以為學習者學習創造出來，也是本章嘗試提出的教學實踐與研究重點——以科技教學行動（老師就在你身邊、隨時與你進行蘇格拉底式的對話）創造教室環境隨時隨地可直面對話的教‧學情境；透過教室環境的教‧學對話式情境的無所不在，刺激學習者能從被動轉為主動接受教師端的教學策略思維設計的翻轉。

　　研究的另外一個重點就是從教學行為與學習行為的互動性觀察與評估，追蹤教師教學策略思維設計翻轉對學習者是否能產生「轉識成智」的學習效益，也就是教師端以「經典給我的智慧人生」作為經典閱讀的主題設計結構，是否能夠真的能達成啟迪學生重視人生智慧的心智能力？並透過教師課程中的主題文本教學，建立「與經典對話」、「透過經典凝視自我」的學習態度與素養能力？本章嘗試以科技行動啟動「文學經典閱讀」課程的探究教學策略為起點，探討前述提問的實踐可能與預期效果。

第二節　經典閱讀教學的設計

　　「與經典對話」是「文學經典閱讀」課程的教學重點，希望學生能透過閱讀，從嘗試「與經典對話」的學習體驗中，漸漸能夠培養「透過經典凝視自我」的思考習慣，進而引發由

識轉智的契機。

為了能有效引導學生認同文學經典閱讀與人生探究的價值學習，教師嘗試從學生的自我與人生角度，設計可以開發學生的自我與人生探究的主題。以下為課程主要的學習主題設計架構，分成三個向度：一、父親與我；二、母親與我；三、愛情與我。第一、第二向度與個人原生家庭經驗中的「自我凝視」有關，第三向度則是關於未來家庭建立過程所需要面對的自我追求與自我完整的「自我凝視」有關。

這三個向度相關於每個人成長過程會遇到的普遍經驗，教師進行設計思考時，私心認為：學習者如果能理性分析個人在原生家庭的各式成長經驗（特別是傷痛經驗），自我在人生中衍生出的問題就已經解決一半，而對於剩下的一半問題，如果能好好在愛情中學會互惠平等而彼此自由的愛，應該也就迎刃而解了。

對於學習者來說，這些都需要時間與經驗的累積，且在時間與經驗中累積的智慧，多半是從錯誤教訓中換得。但是，如果知識可以轉化成智慧，這個預設可能成真，除了宗教，在目前大學設立的學科中，哲學與文學——雖然很多人認為「無用」，但認真從知識本質探究這兩門學科的重要性，文學與哲學其實是值得引導學生成為「愛智人」的入門人文學科。然而，困難的是，現在大學文學通識教師不能再像以前的老師一樣，只是單純分享知識經驗、人生體會的「話說當年」的說故事的人，而是能成為從經驗值中萃取精華結合知識展演的專業說書人。因此，從現在學生普遍能認同的科技教學，適度給予情境的沉浸或刺激動因，漸漸改變學生對人文學科的觀念價

值，並重新導正「以人為本」、「以生命為本」的人文知識建立，最終獲得並不止於知識本身，而是要能從知識轉化為智慧，才算是完成內化。

在教學實踐上，雖然是著重於以科技教學行為的實驗端介入改變學習者的課堂學習態度，期許發揮教師教學設計所預期引導的學習心智啟迪與智慧學習效益；但是，在教學實踐設計上，同時也必須預備傳統教師教學行為的教室情境，進行對照組的分析。為了確保學生的學習權益，不管是科技教學行為實驗組或傳統教學行為對照組，教師都希望能從教師端的教學思維設計與專業知識通識化教學的用心良苦，開啟學生對於文學智慧增美人生的認知可能，進而擁有「文學的無用之用其實是大用」的智慧眼光！

因此，除了科技教學行為的實驗組與傳統教學行為的對照組，教師的教學、教材、教法應用都將統一於「教學目的」、「教材配合」、「教法引導」三維設計思考，除強化經典閱讀／經典知識應用生命導向教學，也翻轉過去文學經典課程對於「文學的美感教育目的」、「文義解釋的教材配合」、「賞析閱讀的教法引導」的慣性組合教學模式，將教師教學所著重的文本閱讀分析，調整為以學生可以想像／實踐的「主題」生命情境，設計引導教學內容，讓學生可以從經典閱讀的內容，從作者是如何將他的經驗與回應用文字表現出來的理解，開始漸漸移轉至「如果我和作者有同樣的情境時，我會如何理解這個情境？然後我會如何回應？為何我會如此回應？我的理由是什麼？這麼回應對於其他當事者又會產生什麼樣的影響？我的回應和作者的回應有哪些異同？為什麼會有這些異

同？我如何看待這些異同？這些異同對我的意義是什麼？」等
階段性想像演繹敘述。

這些想像演繹敘述在學生嘗試回答的過程，需要教師不
斷拋出觀察提示或可能議題，讓同學不斷往復在文本敘述與教
師的提問中，慢慢建立自己對文本的理解、詮釋與反思應用。
因此，不斷提問將成為教師在本課程營造師生兩造對話情境的
基礎教學行為，學生在課堂的學習行為因之在兩造對話情境
中，不能只是被動接受文本的理解學習，而在理解學習過程
中，以「不斷回應」引導出學生對文本敘述的觀察、思考、分
析的學習模式。

因此，作者嘗試提出「對話式教‧學情境」有助於學生
從接受經典閱讀的被動理解模式，漸進調整為從閱讀經典刺激
自我的主動建構模式。這種訴諸營造教室空間的「對話式教‧
學情境」作為教師關鍵教學行動的想法，來自古希臘哲學家蘇
格拉底（Socrates, 469-399 B.C.）探求神諭真理的行動——即
不論青年或成年，任何時間和任何公共場所，以自認無知的身
份和自認擁有智慧的人交談，藉著對話過程，他希望喚醒世人
對於人類生活至關重要的，且尚未被探索的問題或領域，諸如
正義、虔敬等等，視而不見，或自信知之甚詳；但一經探討，
錯誤或矛盾層出不窮，事實是強不知以為知；然後迫使對方承
認無知，並邀請他們一起共同追求真理。（黃光雄，2014：
120）

基於前述，蘇格拉底以對話啟迪真理認知的行動，來自
於承認自己的無知，接受對方意見，然後展開一問一答的辯
詰，產生矛盾，讓對方自我意識到自己原先意見或論點的不

足，進而經驗「蘇格拉底的自認無知」並不是真的無知，而是一種可以「逆轉」雙方對話前立場（即蘇格拉底無知、對方知識豐富）的「自我隱匿」，並因經歷這種奇特的逆轉經驗，體會到自認無知背後所隱匿的深厚知識的「智慧」。蘇格拉底透過「對話」形式以啟發他人心智產生變化的真理追尋行動，運用在現代的教學技巧中，即為問答教學法或辯詰教學法。

但是，現代教學的問答教學法作為教師引導或評量學生學習成效的一種教學技巧方法，卻很難達到蘇格拉底逆轉參與者的心智思維的奇特經驗效果；主要的原因在於現代教學的問答或辯詰並不是如蘇格拉底時代以問者與答者的主體互動為基礎，而是建立在對客體知識的共識上（課綱教學進度的知識內容與範圍）。再加上現代教學中教師與學生之間的「一對多」模式，即使使用問答教學法或辯詰教學法，也難以達到蘇格拉底與參與者之間「一對一」的成效。

然而，本章所欲嘗試的教學策略仍認為蘇格拉底在對話式情境中所經營的往返辯詰，是目前教師能將客觀知識的「認知」轉變為學生的主體經驗的「真知」的最好教學方法之一。因此，如何將現代教學中教師與學生之間「一對多」的問答教學，盡量發揮貼近「一對一」問答教學的教學效果，則是筆者嘗試提出實驗創新的探究重點。

作者認為透過生命主體關係導向的主題設計，搭配帶有反思性質的閱讀策略展演，可以為學生連結經典文本「與己關涉」的認知結構，再透過內容的階段性與層次性分析展演，不斷向學生提問，幫助學生在閱讀過程，熟悉以提問為前提的閱讀策略，繼而可以幫助學生漸漸養成「與經典對話」的思考分

析習慣；同時，在提問與回答的知識展演的教學鷹架（scaffolding）中，透過同儕回答比較的觀摩學習，再進行提問，引導學生對於人文知識的養成過程，也能注重同儕彼此之間的意見，強化互動經驗的交流。

然而，現代教學普遍的一對多的教・學環境，真的很難使教師能照顧到每一位學習者，再來，教室中略高教師講臺與略低學生座位的設計常態，自然形成易於固著於教學講述與學生聽從的權力空間。如何突破前述兩點不利發展對話式教・學情境的教育現實？教師擬將引入一套科技行動裝置。內容物包括：iPad 平板電腦、Apple TV HD 32GB、Rode Wireless Go、Moshi HDMI to VGA 、3.5 公轉 3.5 母*2 音源線、3.5mm 立體聲轉 6.3mm 單聲道、TRS 轉 TRS。

這些裝備將過去教師高度依賴教室電腦桌講臺與有線／無線麥克風的教學行為，進化為脫離教室電腦桌與麥克風的絕對自由教學行動；也就是說，這套科技行動裝置讓老師的教學可以自由切換於虛擬知識空間（教學 PPT、網路空間）與實體教室空間（可即時將教室實景影像傳輸到共享屏幕中），也促使教師師在教室移動的教學行為，不再只是行走的移動而已，而是可以隨時隨地利用科技裝置與現場學習者進行共在性的虛擬知識空間的探討教學，也可以隨機回到實體教室現場的任一學習者的任一方位，進行一對一或一對多的提問探討。

對於學習者來說，當教師教學行動成為不斷切換於虛擬空間與真實現場之間、且能隨時隨地展演知識與隨機自然發揮對話的教・學情境時，學習者過去慣性被動學習行為，也隨時隨地被教師全方位經營的教學行動與教學行動空間挑戰，或許

會造成學生上課時候的精神緊張與不適應，但也極有可能促進學生習慣隨時隨地與老師對話、與課堂共學知識對話的學習情境，進而成為隨時隨地都能回應、提問的學習行動者。以科技行動裝置的教學行為促進對話式教・學情境，可以較無科技行動裝置的對話式教・學更能讓教學者與學習者保持「隨時共在」的聯繫性，進而協助學習者能因對話情境的融滲，促使學習者更能在課堂保持專注，增加自我啟迪機會。

　　因此，「以科技教學行動啟動文學經典閱讀課程的對話式教・學情境」的教學策略提出，主要是為了實踐「文學經典閱讀」課程的經典閱讀／經典知識應用生命導向教學，改變過去此類型課程慣用的「文學的美感教育目的」、「文義解釋的教材配合」、「賞析閱讀的教法引導」的展演教學，而可以將教師的教學鷹架設計更聚焦於經典知識與生命智慧的關聯性與轉化應用，透過教・學之間不斷對話的情境，啟迪學習者將經典閱讀／經典知識成為累積生命實踐的心智能力。為了讓學習者能更專注於教・學的現場，教・學之間的對話必須持續發生，因此，創造教學現場自然而然的教・學對話情境，遠比教師利用問答教學法進行引導教學或輔助教學的行為教學，更能達到學生專注學習、進而獲得更多心智被啟迪或自我啟迪的時機（Timing）。

　　由此，情境的營造來自主體與主體、主體與空間所形成的關係效果。主體包括教師的教學主體與學生的學習主體，空間則是指實體教室容積與其環境。傳統教室的教師講臺與學生座位的高低差空間佈局，將老師的行動範圍限制在講桌附近與講臺上，並且擁有 180 度的全覽學生視野；學生則沒有行動區

域，全部被一個、一個地限制在座位上。

這樣的教‧學空間環境設計與教師講述、學生觀看聆聽抄寫的教‧學模式有高度的對應性；雖然老師可以隨時離開講臺，走到教室的每一個空間位置，但教師的行走就只是走動，對學習者而言，有提醒專注、聚焦上課的作用，但就教‧學行動而言，教師行走教室意味著離開電子講桌，離開電子講桌，意味著不能自由控制電腦與教室螢幕播放的 PPT 授課內容。

這個現象指出行走教室對教師教學來說，是一種暫停教學、將注意力暫時集中學生、與學生進行互動的行為。如果教師的隨意行走可結合控制電腦與螢幕教材 PPT，以及隨時切換上網與連網共享（包括指定學習者），教師的教學行動某種程度來說，絕對是透過科技實現了完全的教學行動自由，並創造出可以與學習者隨時隨地進行雙向交流共享的教‧學情境。

如此一來，前述所預設科技行動裝置為教師所創造出來的完全教學行動自由，將使教師教學導向具有突破目前大部份符應「教師在臺上教、學生在臺下學」的教室設計空間，更能落實與切合本課程因經典閱讀／經典知識應用生命導向教學而提出的對話情式教‧學情境。

因此，作者希望能透過教師透過「教學目的」的改變，以「教材配合」創造對話式教‧學情境的「教法引導」，提升學習者對文學經典閱讀的興趣與關係連結，也能更積極引入科技教學行動裝置，改變傳統教室空間的限制，突破電子講桌的設限，以更自由的雙向連網互享、教室實境空間與知識虛擬空間的隨時切換，為學習者與教學者之間強化聚焦教‧學內容的雙向聯繫，促進學習者自發注意與集中精神，以及隨時回應的

課堂上課習慣，進而增加個人被教‧學內容啟迪的機會。

第三節　實踐與回饋

　　本章試圖從文學經典閱讀的教學個案設計，透過科技輔具的利用，試圖在現代一對多的教學教室環境，嘗試創造現代版的蘇格拉底式的教學對話行動情境，希望能夠積極為學生多方開啟自我啟迪的可能機會。對於此教學個案的設計與展開的教學行動的論述推論，必須加以驗證，才能確知實踐的具體成效與相對應的創新評估。為此，本章擬以質性研究方式進行紮根理論（grounded theory）的研究設計，預期以此探討經典閱讀、經典知識應用導向教學過程，科技行動教學是否能突破教室環境與一般教學行動的限制，增益學習者在「對話式教‧學情境」中自我心智啟迪的學習機會，並促進「對話式教‧學情境」中的注意力與思考力開發，跟著教師的教學節奏、學習者的自我思辨導向，認真看待人文知識中與經典對話所產出的心智啟迪與獲得智慧的可能性。

　　因為，人文知識中的經典閱讀可以啟迪學習者的學習心智，重新認識「經典」本身跨越時間性的閱讀意義，也能意會到「文學經典」在反身性自我閱讀過程對現在我或未來我擁有智慧人生的關聯與可能性。而「對話式教‧學情境」可以刺激學習者認真看待人文知識中的心智探索養成教育，重視主體性的生命思考與觀念態度。

　　因此，作者根據前述理由所提出的教學創新實踐，擬施

行於中原大學通識基礎我類「文學經典閱讀」課程。課程將針對三個主題「父親與我」、「母親與我」、「愛情與我」，進行科技教學行動的實驗組與傳統授課模式的對照組。控制項為課堂的科技教學行動輔具，教學內容則一律統一於各主題之下選擇該課程規定之教科書選編文本，在教學策略上，也一律更新文學教學對「美感啟發」、「文義解釋」、「賞析閱讀」的組合教學模式，轉向經典閱讀／經典知識應用生命導向的教學策略，並以「對話式情境」自然融滲於教學過程。

教學者將透過觀察、紀錄、主題單元學習單設計、教學與學習回饋等檢證教學成果的資料收集方式，並使用歸納資料與演繹現象的方法，分析學習者在「對話式教・學情境」中所受到的刺激與回應，是否對個人心智啟迪產生影響，進而對學習者在經典閱讀與學習過程，發揮協助學習者意識到人文知識的學習效應具有「轉識成智」的可能性。

在預期進行的教學成果的探究評估方面，擬朝向三個向度作教學行動上的自我觀察：

（一）教師端以教室日誌方式與學生問卷方式，記錄個人上課與學生的互動經過，設計有效問題，評估「對話式教・學情境」之於「文學經典閱讀」課程轉向經典閱讀／經典知識應用生命導向教學策略設計的施行效應。分為科技行動教學實驗組與一般行動教學對照組進行。

（二）根據（一）的日誌評估，提出「對話式教・學情境」的關鍵教學與學習者的關鍵學習的教學解釋與詮釋論述。

（三）比較科技行動教學與一般行動教學之於「對話式教・學情境」的教室空間環境對學習行為控制的影響，並提出

相關的對應解釋，以及分析透過科技裝置創造不同於傳統教學行為的「教‧學」情境的價值與意義。

在預期達成之學生學習成效評估方面，則由教師端設計可循序漸進導入學生學習回饋的自我觀察質化紀錄量表，進行學生對教師採行當代科技形式教學後的觀感調整，以下有三個設計重點：

（一）以置入性的主題學習單，包括課程知識重點與反思鏈結，協助學生具體檢視自己在教材研讀上所收穫的客觀內容，並透過這些客觀內容，進行換位思考。

（二）從換位思考後再回到自己的閱讀位置，檢視這些換位思考對自己的相關人事物觀點產生或強化或翻轉什麼樣的影響，以及嘗試自我整理這個觀察過程中的自己，並能與小組成員交流、討論彼此相同或不同意見。

（三）通過（一）、（二），最後置入反思心得意見陳述表，引導學生整理課程主題閱讀文本中的學習歷程，將之記錄下來，並能如實做反思檢討，向內檢視自己對人文教育接受的程度與了解。

透過前述教師端與學生端的雙重回饋檢討紀錄機制的啟動，教師就可以根據這些教師自我與學生觀察紀錄，開始進行學期課程結束後的檢討精進，包括學生的學期末的學習成效分析與教師教學整體評估建議。對於教師而言，「文學經典閱讀」雖然從大一國文演化而來，但從來不等於高中或國中國文課，而是透過通識教學的機會，引導學生進入文學經典的世界，察覺人文知識中的「主體性」，以及有所洞察主體性是來自建構者對生命自身與經驗現象的觀察、省思、探索、分析、

論述……等歷程，進而可以體會到文學本身的「不實用性」，以及這些不實用性，對學習者確實有可能產生特殊的心智啟發作用，肯定文學與經典所具有啟迪學習者認識自我與世界的契機，以及非建立在實用性上的「價值」功能。

對於學生而言，科技行動教學只是利用他們所熟悉的數位載具與載體，所營造出的一種非典型限定師與生在課堂直面對話的教室情境，科技行動教學的載具與載體並非是教學的目的，而是一種學生可以接受或已然習慣的現代化教學形式，真正的重點仍是扎實的經典閱讀。扎實的經典閱讀與理解是過去傳統人文教育的重點所在，特別是要求學生能夠記憶經典內容，作為學習成效檢驗的評量方式之一，對於現在多數普通不喜歡、不願意、甚至抗拒接受人文學科學生的學習來說，也被引導曲解為「只會要求學生背些沒有用、用不到的知識」的成見或偏見。這些成見或偏見一旦被學生接受後，很容易形成一種慣性的本能認知，直接投射在個人不想花時間認真學習的任何人文學科上。

這些理所當然的偏見與成見，也造成大學人文通識教師面對理工領域學生最難應對的教學困境——當學生以個人或集體偏見與成見根本否定人文學科本身存在的價值時，老師如何還能繼續說服他「也許你是錯的」。事實上，教師誠實以對時，也會發現，在這些同學的經驗值中，沒有文學、沒有經典，一樣可以過得很好、很歡樂、很自在，想要讓這些學生省察到「也許我對人文學科有偏見或成見」，也是難上青天。另一方面，當教師分享自己在人文學科中所打開的世界觀，嘗試描述那個世界中可以看到或可能看到或想像看到的任何真實與

虛構，學生的回應往往更是直接而了當——不是冷漠以對，就是以良善提醒「老師想太多了」[42]。對於這樣漸漸常態化的教學困境，「轉識成智」似乎已經是遙不可及的夢想，更勿論如何透過「轉識成智」來開拓學生的生命視野與人生境界的體察學習。

因此，在這樣的困境中，透過科技教學行動雖然不會是目的，但作為一種學生可以認同或漸漸習慣的教學形式，從實用性來說，可以強化課堂學習的專注力與即時回應能力，透過（半強迫式）教·學的對話情境的建立，引導學習者從聆聽的被動學習者，能夠因教師課堂行動的慣性，漸漸意識到或自我調整為（隨時必須）主動的參與者。然而，真正的人文教育還是必須回歸到經典閱讀與對話養成訓練中，教師所能做的只是盡量啟迪學生能夠意識到培育自我觀照的重要性，並積極協助或鼓勵學生能從認知的改變，到願意漸次付諸行動，進而培養尊重人文知識的素養態度，體會人文反思受益自我生命成長的價值與意義。

第四節　未完待續：期待更好的主體相遇

人文經典啟迪心智，也陶養心智，引導心智走向有教養

---

[42] 文中所述都是筆者這些年不管是在課堂上或課堂人際外，與學生互動過程經常所見的常態現象。這些現象不僅僅隨年比例攀升，也隨著學生自我認同的強度，越來越有隨之牢不可動搖、且朝向自我感覺良好的「理所當然」反對意見發生。

　　的生命實踐行動，始終是傳統人文教育的核心所在。科技行動的教學創新並不能取代傳統人文教育，但對於自小成長在數位環境的學生來說，至少是他們所熟悉的載體或輔具。透過對載體或輔具的熟悉，循序漸進地引入人文思維與經典對話為目的的互動制約，透過他們對課堂探究經典文本時必須與教師進行的即時對話行為，以及不斷為他們製造對話的互動情境與慣性適應，讓學生盡可能多累積一些與人對話、與經典對話的經驗情境，當然，這些經驗情境的累積並不見得一定能改變學生的成見或偏見或對文學原本的厭惡，甚至也有可能引起少數學生的「擾民」反彈。但是，正如前述所強調，科技行動與教學創新無法取代傳統人文教育，但面對現在多數學生對傳統人文教育學習規範的陌生化與普遍抗拒心態，教師即使再如何苦口婆心、諄諄善誘，也很難改變學生的認知與心態。

　　因此，作者嘗試從坦然接學生現況的角度出發，提出從科技行動嫁接教師的教學策略與學生的探究學習設計改變，為學生營造課堂不斷對話的經驗情境，希望能為學生開啟更多自我調整對人文價值觀念與認知的重視，也由衷希望學生可以因觀念的調整，而願意嘗試理解各種人文知識與思維背後的世界觀與價值理念，有朝一日也能成為肯定人文生命與價值的實踐者。

第七章　通識人工智能的倫理教學與反思素養

本章概述

　　本章旨在論述置入意識探究學習設計之於人工智能通識教育課程的重要性。因為，人工智能的強與弱雖然不能等同於人類的心智，但具有可類比與模擬人類心智運作的客體化的觀察特質，可以將其看作是能進行學習心靈特性的開放架構，因此，可以作為關涉人工智能課程可以導入的倫理議題設計基礎——透過觀察人工智能的運作過程，了解作為人類「理性代理人」的他者，作為學習者的關鍵學習經驗，再以此關鍵學習經驗延伸為「人工智能的人工意識 V.S.人類心智的心靈意識」的探究學習設計。學習者透過自我意識探討等設計性的倫理議題探究，認識人類的主體與價值，笛卡兒對於自我意識的心、物探討架構，可以提供學生對人工智能的類主體的認知判斷，並進一步反思人工智能所需要的人工意識的條件，以及其仿生物相連的心智特性之於人工智能發展的意義。

第一節　人工智能與人工意識

　　隨著人工智能演算法與相關對應科技的突破，人工智能的類人化／真人化已經不再只是科幻小說劇情，而是正在發生

的世界真實。這個世界真實尚未真正發展出改變世界的本質力量，已然成為華人教育體制因應未來科技社會想像的個體知識資本，連帶引發人工智能與賦能作為改變學生學習與教師教學現場的創新方法／技術熱潮，也帶動人文知識結合人工智能在跨域研究的屬性方法，即 AI of／for／by／to Knowledge 的開發想像。

　　AI of／for／by／to Knowledge 的理解架構為清華大學通識教育中心主任林文源教授演講提及，但這個理解架構雖然可以客觀描述 AI 與人文科學之間所能建立的研究向度，但也擱置從傳統人文思惟或人文社會批判視角所帶來的反思研究的推進，以及跨人文與科技領域對話所需要的主體意識。通識教育作為近年高等教育體制所亟欲推動的改革對象，除了持續可從 AI of／for／by／to Knowledge 架構開啟人文與科技不同領域的整合研究與應用外，「人本」的思惟方式，面對作為現代方法的人工智慧的挑戰，可以帶來哪些值得探究的倫理議題與價值省思，並且作為推動智能教育的人文素養與知識架構設計，正是本章所嘗試探討的向度與建議。

　　但是，從人文知識的核心素養「人文價值」立場來看，前述人工智能與其賦能之於教育現場的應用、或是之於跨域研究的導引，除交相指涉出人工智能作為未來社會發展主流科技與重要技術價值的「預測」，人工智能在發展過程所展現的擬人化或日漸逼近的真人化現象，開始挑戰人才能作為知識學習主體的基本認知，也啟動人工智能是否有其人工意識的重要提問，以及挑戰人類如何審視意識之於主體的意義與價值。

　　因此，人工智能是否具有其人工意識的重要提問，關涉

人工智能通識教育的倫理議題的探究學習開發，也關聯人文主體在人工智能教育不能被排除的反思價值基礎。由此，擬從自我意識之於人的主體性的建立根基，針對人工智能的演算法特質、與其對應的人類心智運用和意識的關係，進行人工意識的類人化／真人化的本質探討，並以此提出人工智能教育的倫理探究學習的最適人文價值設計與教學原則建議。

第二節　人工智能與通識教學

　　人工智能（Artificial Intelligence）的研究發展突破，某種程度已經落實人工智能機械人的想像願景，如 Hanson Robotic 公司執行長 David Hanson 主導開發的 AI 機械人蘇菲亞（Sophia）不僅是 Hanson Robotics 公司最新、最高科技機械人，也是首位取得公民資格的機械人，還曾獲邀聯合國發表演說，在聯合國開發計畫署（UNDP）被提名為世界首位創新守護者。

　　人工智能機械人的擬人化／真人化科技，除了能讓人工智能機械人有細膩多變的臉部表情，透過攝影機的眼睛，將影像傳達計算，還可辨識臉孔，也能隨著學習，累積對話經驗的語言應答與表情回應，智能機械人甚至帶動 AI 與人類之間的可能成真或想像衝突——如 AI 知能取代人類工作的恐慌、AI 智能機械人有自主意識後取代人類地位的焦慮等問題。因此，人類與 AI 之間的合作如何從人文知識領域學習的主體性啟動，並建構人工智能擬人化／真人化之於人文學科的探究學

習,成為人工智能通識教育不可忽略的核心素養。

　　臺灣教育部近年來積極以相關計畫獎勵等政策導向,鼓勵拿到教育部補助計畫的大專院校,開始將人工智能教育置入相關通識課程的主題教學內容,或是由相關系所開設人工智能專業課程。在人文學科領域,科技部人文社會科學研究中心、國立清華大學人社 AI 團隊(THSSAI)、國立臺灣大學等機構也積極從大專院校教師群啟動相關人工智能應用人文社會科學的跨域研究。但目前僅止於鼓勵認識與應用的推廣性質度程度,並未將人工智能教育的倫理議題視為是人文社會科學領域的研究或教學的重點討論內容。

　　臺灣對於人工智能在人文社會科學領域研究鼓勵與通識教育課程的教學推廣,都不曾認真探究西方發展人工智慧歷史的研究途徑,也因此忽略人工智能在試圖理解與建造智能實體過程、真正最大挑戰「以人為中心」核心價值之於西方不同學術領域所產生的相關現象與本質的探問問題——如果人工智能可以像人一樣的思考、可以有人一樣的行動、可以建立像人一樣的理性思考系統、擁有像人一樣的理性行動系統,人工智能是不是應該取得與人一樣的地位?而我們作為地球目前唯一擁有自我意識的高等智慧生物的「人」,又該如何看待人類自我意識與人工智能的意識?——人工智能的相關意識問題,挑戰了人類的意識認知,以及從意識認知而來的人的主體價值,以及從人的主體價值重新審視人工智能的客體價值判定。本章認為這些問題與判定,涉及人工智能通識教育的倫理議題探究,並關涉人工智能通識教育絕對不能被排除在外的人文價值核心素養。

　　人工智能擬人化／真人化之於人文學科的探究學習，之
所以成為人工智能通識教育不可忽略的核心素養的理由，與人
工智能自 1956 年被正名以來的歷史發展過程的四種研究途
徑，息息相關。這四種途徑包括：類人類行為：圖靈測試方
法；類人類思考：認知模塑方法；理性地思考；思維法則。其
「思維法則」方法則包括；理性地行動：理性代理人方法。每
一種途徑都涉及以人為中心的思考運作。以人為中心的研究途
徑，在某種程度上必然是一種經驗科學，牽涉到人類行為有關
的觀察和架說；理性主義研究途徑則涉及數學與工程的結合
（Russell，2011，1-2）。

　　這些不同研究群體彼此將互相批判與幫助對方，從不同
學科的跨域研究進行合作，為人工智能領域奠下不同的想法、
觀點與技術，而構成吾人之於人工智慧本身的探究基礎。這些
學科與重要影響，包括：哲學——支配人類心智的理性可以等
同是意識嗎？精神意識如何從物質的大腦產生出來？知識從哪
裡來？知識如何導致行動？這些提問涉及「人工智能」的重要
定義與界限；數學——提供人工智能躍升為一門正式科學的基
礎，包括人工智能在邏輯、計算都能形成確知的各式演算法，
以及如何用不確定的知識進行推理的機率理論等；經濟——從
賽局理論未能提供的選擇行動的明確規定（unambiguous
prescription）的延伸思考角度，啟動人工智能的作業研究範
疇，以及理性代理人系統的決策理論技術；神經科學——透過
大腦處理資訊的研究結論「大腦產生意識」，延伸出人工智能
是否能有其人工意識的探問；心理學——將人類和動物是如何
思考和行動的心理現象研究，轉擬為電腦模型的資訊處理的機

制發展與認知理解；電腦工程——效率的電腦資訊軟體技術提供人工智能實體化的作業技術、程式語言、寫作現代程式（和關於它們的論文）需要的工具；控制論與模控學——人工製品的自動運作控制研究，促成人工智慧之於設計行為表最佳化的實體化期待；語言學——語言如何與思維連結的語法模型的研究視角與詮釋論述，與 AI 交織形成計算語言學或自然語言處理的混合領域，啟發人工智能中如何將知識轉換成電腦可用於推理形式的知識表示的研究與開發（Russell，2011，1-5，1-7，1-8, 1-11, 1-12, 1-14）。

這些學科領域的知識研究成果不僅為人工智慧貢獻了許多重要的想法、觀點與技術，也形成人工智慧在現代西方發展為一門獨立科學學科的建構基礎，而在這個建構基礎上，人工智能漸次形成接近類比於「人」概念的「理性代理人」概念。因此，釐清人工智能與「理性代理人」的互屬關係與價值定位，不能只強調人工智能的功能現象，或是從人工智能本身的技術思維探討人工智能的現在與未來應用；特別是引入人工智能的通識教育課程設計，對於人工智能之於科技人文或人文科技的挑戰與對話思考，仍有必要從「人」對於自我探索所驅動的自我價值肯定，作為探究人與人工智能之間倫理界限的重要基本提問——這也側面點出「人」與「理性代理人」之間的差異，在於人作為自我的主體存在與人工智能作為人的「理性代理人」的客體存在之間的本質差異。

也就是說，「人」與「理性代理人」兩者的自身存在，指出兩者之間最大的本質差異——「人」作為具有理性屬性的人自身，而人工智能則僅僅作為人的理性代理人的認知與類身

份，毫無疑問地，「人工智能」並不能等同於「人」。但是，人工智能本身運作的類人類行為與類人類思考現象，使得人工智能並不只是單純的技術或實體，而是涉及到人之所以是人、不同於其他動物的特殊屬性與特殊條件，以及可展演過程，特別是作為一種現代方法，人與物之間的關係不再容易保有單一向度的主體對客體關係，而在本質上，則有越來越趨近的主體與類主體的關係。

　　這說明人工智能本身的類人化的理性機制運作，恰巧可被視為提供人的心智是如何運作的一個可拆解的過程化他者，而不是一個絕對的他者，包括認知模塑、思維法則、邏輯推理、語言處理……；這些過程化所顯示的理性代理人與其環境互動行為運作，可以清楚看到人工智能作為一種模擬人決定做什麼、或是執行行動的系統與現代方法屬性，展現出人類本身作為高等智能生物如何運用思考解決問題、如何透過推理與規劃形成世界的知識、又如何處理不確定知識的不確定因素與其推理與決策、如何因應決策元件產生所需知識的學習方法、又如何透過視覺、觸覺、聽覺、語言處理來感知環境與回應行動……等心靈或心智運作的交互過程。

　　而人工智能本身從弱人工智能到強人工智能、漸趨向於整合發展的機器人學，甚至結合生物功能應用的未來想像的潛能科技發展，都可以看到人工智能一直再再挑戰智能之於人的獨特性與人的生理性限度。這些現今技術帶來的改變與未來技術可能再突破所延伸而來的發生想像，都再再讓我們很難忽略已然存在我們心中很久、也尚未被解決的疑惑：人工智能所代表的「理性代理人」的人工意識，到底是不是、會不會、能不

能、應該不應該等同於人的意識？這幾個從「是或不是」、「會或不會」、「能或不能」、「應該或不應該」的看似二元對立的選擇，其實都關乎人工智能作為現代方法後被普遍接受的合理應用的範圍界定，以及人的智能與人工智能之間的價值與認知定位。這是智能教育的核心人文素養之所以需要被重視的主要原因之一，另一個主要原因是透過人文思維的引導，才能暫時延宕科技發展的技術中心的主導思維，重新認真看待人類歷史文明中一直就存在的「人是什麼」的重要提問，以至於認真看待人工智能的人工意識與人的意識之間所可能存在的本質差異問題。

人工意識究竟與人的意識的本質差異可能是什麼等相關問題，之所以值得被認真看待，涉及到幾個人工智慧作為現代方法的幾個重要的問題：一、弱人工智能的模擬行動與人的智能行動之間是否有本質上的差異？二、強人工智能從決策到行動過程可以等同於人的思考嗎？三、發展人工智慧之後的社會分工改變風險與倫理規範限制，應該如何重新界定人與人工智能相關責任歸屬。這些重要的問題都無關人工智能本身作為人類智能代理人的技術發展，而指涉出人工智能與人之間的本位思考與異同性判斷，包括：人會思考，但思考是什麼；人工智能的智能運作是不是思考？人有意識，但意識是什麼？人工智能的智能運作能不能等同有意識？人工智能可不可以有意識？可不可以有思考？或應不應該被認為是思考？這些探究涉及到我們如何看待「人」的整全性與「理性代理人」之間的區分與價值認定，以及「思考」作為人的獨特性的自我價值與具有類思考表現的理性代理人之間的本質差異，進而肯定以「人本」

為前提的認知態度。

　　因此，引入「思考」與相關概念，作為人工智能與人的界限探討，可以較清楚比較人在思考過程與人工智能進行類思考過程的異同性，也可以看到人類對於自我意識存在的理性確認，以及不必依靠其他知識或外在事物、即可進行推論與證明而獲得知識的原理方法的特質屬性。從這個觀點來說，區分人類的「思考」與人工智能的「思考」，有助於幫助我們探究人類與擬人化機器架構各自對「思考」的開展，以及進一步提問——「機器可以思考嗎？」、「機器的思考跟人類的思考是否有本質差異？如果有本質差異，該如何敘述？」等系列問題。這些問題關聯我們應該如何去設定人與人工智能本身之間共存合作的相關倫理問題，以及更客觀審視人工智能的類人類意識運作與行為模仿的「理性代理人」的「他者」身分。

　　除此之外，在人工智能成為事實之前，人類對於自我意識存在的確認事實，一直是人類可以獲得知識的基本原理的重要認知。這個重要認知奠基於笛卡兒。笛卡兒《沉思錄》以懷疑精神與沉思推理通向理性與意志的原理自證，指出不管對事物有多少懷疑，我們不能懷疑自己的存在；這是系統推理思維中所發現的第一件事實。但是，由此，我們也發現了心靈和肉體之間的差異，或者說，思想物和非思想的物體之間的差異。笛卡兒透過懷疑與系統推理思維所獲得的自我意識的確切，反映出人在思考過程所能掌握的自我意識的兩大主體性特質：因自由意志而有的懷疑精神與系統推理思維的理性特質。從這兩大特質反思目前人工智能作為理性代理人的身分認知，可以清楚看到人工智能即使有如人般的智能行動（弱人工智能）、與

擬人的智能思考（強人工智能），除非擁有自由意志與懷疑精神，否則人工智能是不宜附之以主體性的認知定位。這個認知觀念可以協助我們區分弱人工智能與強人工智能之於類人化的程度判定，以及人工智能領域的倫理規範探討。

因此，人工智能的實踐正如人工智能作為理性代理人的定位，不管是弱人工智能或強人工智能，人工智能自身的實踐不僅僅是現象上機器本身可依循數學原理或程式系統中推理思維的結構性而來的行動結果，也展示人工智能本身對於人類理性思考與行動的「模擬」判斷，無關乎人的自然生命體與機器的非自然生命體的差異，而是關乎如何認定人工智能的「模擬」自身，能不能視同於人的思考與行動，以及類人的程度化之於社會應用的相關責任分屬問題。這些問題關係到人工智能作為智能化代理人的發展限度——如果人工智能的技術發展威脅到人類社會的生存競爭與風險危機，該領域的研究者仍有其道德上的義務限制其研究或改變研究方向。

首先，弱人工智能的「模擬行動」與強人工智能的「模擬思考」，雖然有強弱之分，但對於擬人化的程度該如何判斷？圖靈是第一位提出重要觀點的專家學者，他從機器的反應結果是否能通過人的判斷的模擬遊戲作為測試基準。圖靈的模擬遊戲測試，將機器能不能思維的根本問題，轉換為機器是否能取得和人一樣的判斷數值（圖靈，1950）。圖靈的轉向提問，暫時擱置了機器與人之間的本質界定的認知與定位問題，而開啟了人工智能可以像人一樣全面發展的想像空間。但是，當人工智能的技術與表現越來越成熟時，甚至如圖靈所預料機器可在所有純智能的領域中同人類競爭的情況，如何從人文的

核心價值保障人類的智能表現，以及強化人工智能的「模擬」屬性，應該是人工智能研究領域中不容缺席的重要認知，以及作為延伸為倫理規範基礎的探討議題。

第三節　人工智能意識與倫理教學設計

很多人工智能的研究者將人工智慧視為理所當然，並不會太在意人工智能的模擬智能與人的真正智能之間的差異，但是，人工智能的「類人化」是界定人工智能倫理的重要基礎，因此，區分判別人工的模擬智能與人的心智運作，進而成為界定人工倫理智能倫理的首要設準。

從笛卡兒在《沉思錄》的心物二元論觀點來看，思考中的人的心智活動具有一種可以不受限於現象空間與物質特性的過程，並且發現靈魂與身體是兩種不同屬性的存在（笛卡兒，2018）。笛卡兒的心物觀點與不用預設形上存在的第一哲學的推導證明，會使得人工模擬智能與人的心智的異同性，會隨著論者的詮釋立場而有不同的看法。

也就是說，如果論者承認人的心智運作來自於人有靈魂屬性的關聯性，人工智能的非人與非具生物性的前提事實，可以知道人工智能之所以不能等同於人的心智、只是「模擬之物」，原因在於機器沒有靈魂，機器是人的創造性物質，而人是「神照著祂的形象造男造女」，且有「生養眾多，遍滿地面，治理這地，也要管理海裡的魚、空中的鳥，和地上各樣行動的活物」的管理祝福（舊約聖經‧創世紀 1:26-28）。兩者

在創造上有來自於人來自於上帝、而機器來自於人的本質脈絡差異，進而以此對照西方人權發展歷史過程中，「人」之所享有（人作為榮耀上帝之高峰創造而在神面前人人平等）的「天賦人權」的思想基礎，但人工智能並不是人，也不擁有人的主體性，只是作為人的智能模擬、具有規範人的主體性的屬性與物質他者。從這個觀點來看，人工智能並不具有成為人或是取代人的正當性的立法基礎，即使人工智能在未來演化到智慧爆炸／技術奇點（the Singularity）的階段，也能在發展倫理的規範上，盡量避免超級智慧機器所帶來的毀滅性趨勢的能力（Russell，2011，26-16、26-17）。

然而，這仍然有一個值得嚴肅以對的人工智能技術發展的倫理規範問題：如果人類想要延續一個以人的主體為核心價值發展的文明社會型態，應該如何從群體與個體規範限制或限縮科技技術為單一或終極價值導向的現代化文明社會發展？這個提問也涉及到人工智能究竟應該不應該、或是是否需要發展到所謂的智慧爆炸／技術奇點的階段？或是在發展至智慧爆炸／技術奇點的階段之前，能夠找到一個平衡人工智能技術發展與保護人類及其主體社會為優先考慮的控制法則或設計規範。

科幻小說作者 Isaac Asimov（1942-）是第一個討論到這個問題的人，並提出機器人三大法則：一、機器人不能傷害人類，或者允許人類遭到傷害；二、機器人必須遵循人類所給予的命令，除非這個命令違反了第一條法則；三、機器人必須保護他自己，只要這個行為不會和第二條法則有所衝突。（Russell，2011，26-17）這個設計法則可以視為人類目前對機器人做出倫理規範的想像設定——機器人對人類有優先保護

權的絕對義務，並以此規範機器人對人類下達命令、執行命令
與保護自己的基本法則。Asimov 對機器人倫理的法則設定，
確實可以避免機器人一旦突破技術奇點後，對人類可能造成的
傷害危機。但是，Asimov 也在故事情節發展中，提出機器人
被派去開採硒礦，但偵測到危險而又轉向離開、離開後危險降
低又去執行命令的循環狀態。這個可能性暗示機器人的法則執
行不是邏輯上的絕對，而是權衡關係下的最佳能力化設計
（Russell，2011，26-17）。關於 Asimov 所設定的機器人三
大法則，可以清楚看到人類優先於機械人的絕對被保護權，以
及符合人類安全優先權之下被賦予的行為自主權。這個關係反
映出人與機械人之間的主從定位，以及機械人遊走於類人類自
由意志的邏輯行為與其自主權限的矛盾狀況，都不能與人的自
由意志與其影響行為相比擬。

　　再回到如何定位人工智能的心智能力開發與其身份界線
的問題點上。如果論者擱置或刻意忽略笛卡兒從宗教立場而來
的創造論觀點，單純就心、物本為不同屬性、且有二元對立或
彼此可斷裂特質的存在而言，則更可以顯而易見人工智能與人
工意識的出現與事實，無關於「心」，而限於可見可知的
「物」的範疇而言，再再挑戰人作為地球生物的「中心位置」
的特殊屬性——作為人的思考與人的心智活動的物質他者的人
工智能，是否可因其可見可知的現象屬性而可被視為人；另一
方面，作為萬物尺度的人又該如何看到心智運作與自我意識之
間的關聯性，以及人工智能模擬人類知能過程所出現的人工意
識現象？包括如何在接受人工智能常態化的現代文明社會發展
過程中，能夠客觀地或批判地審視人工意識與人工智能作為機

器模擬人的意識與智能的他者，並認為建立以人文為中心的檢
視意識與教育認知機制是重要的關鍵議題與倫理規範基礎？這
些提問關乎如何從人文觀點去建立或判定對於人工智能的他者
的客體價值認知。

　　也就是說，如果說人的思考的心智活動的事實可自證意
識存在，人工智能的「模擬」的事實，亦能自證「人工意識」
的存在；兩者的意識因其本質不同，而可類歸為不同系統的各
自運作過程，且人工意識可因「模擬」而成為人的意識運作的
投射他者，具有可觀察性；進而，根據人工智能的弱與強，分
別提出「弱人工智能：機器能夠智能行動」、「強人工智能：
機器真的能夠思考」的層次性針對問題，並順勢形成兩種可彼
此參照的意識探討架構。

　　但是，笛卡兒的心物分離觀點，會產生一個根本問題——
如果心智與身體分屬不同，作為一個整全個體的人是如何以心
智控制身體？笛卡兒推論兩者可以透過松果腺（pineal
gland）進行互動，並且將這個問題簡化為心智如何控制松果
腺，但是，仍然無法解決或懸而未能解心智是什麼、心智又是
如何產生的根本問題。繼續心物分離的難題，相對於笛卡兒的
心智二元主張，另有認為心智與身體應為一體的心智一元論的
主張，通常被稱為唯物主義。這類避開心物二元分屬的難題，
從現象事實的統一性，提出心理狀態即為身體狀態的看法，而
將探討焦點放在心智與身體的共在性——如以腦神經的傳導與
脈衝現象同時產生心理狀態的解釋框架。但是，這樣的解釋框
架也容易導致延宕笛卡兒心物分離對整全個體的人是如何以心
智控制身體的難題，直接訴諸心智一元論心理狀態是根自「腦

神經」的生物／生理性運作的認知，進而轉向心智一元論的預設基礎。

　　心智一元的唯物論傾向將人的複雜性簡化為「物」屬性的現象解釋與詮釋邏輯，如人的心智運作來自身體，而身體的運作可以決定人的心智的意圖。以這個觀點會強化人工智能的「模擬」與人的心智運作之間的無差異性、或是將兩者之間的差異性暫時擱置，專注探討「功能」與「功能導向的意圖狀態」。當人工智能的「模擬」與人的心智運作的「功能」可以對等、或甚至超越時候，兩者之間也就自然消弭了意圖探究的必要性，可能翻轉人之為人（不同於其他地球物種）的尊貴本位認知，喪失繼續探究或承認人有自我意識的獨特性的興趣，甚至否定人有不同於「物」的「心」屬性存在，將人的可能學問與價值發展都限制在「物的真實」層面，而將人關於心智與心靈的意識問題，一概簡化為生物性的實體物（如大腦）輸出過程。

　　心智一元論的唯物觀點對於人工智能的發展影響，雖然可以從論理的正當性，提出開發人工智能技術的興趣與必要性，將人工智能的研究價值集中於功能開發，而懸吊意識之於主體、之於人的獨特性的人本價值認知。因為，將以大腦的功能性決定或對等於意識的出現，就等於承認人的意識的運作只是神經元輸出、輸入的傳導現象的副作用物，人的心靈、心智運作也只是更巨大或更複雜傳導現象的必然產出結果，進而無關自由意志，或懸而不論人有意志自由的事實。

　　自由意志之於人類的重要心智與心靈現象，並不只關乎人在各種條件與環境之下的意志選擇，也關乎人生而為人必須

要去維護的尊嚴與存在高貴性。人對自我高貴的自重與對他人也同樣高貴的認知對待，是人生而皆享平等的人權原理，以及人必須先以道德自重原則（如康德為道德而道德的義務與令式）為人之本的探究限度，才能審度道德實踐中的意志自由價值與人文精神。以此理路對比人工智能的「模擬」，會發現人工智能的機器透過程式運算的「意識」副作用，只是依照程式命令執行的類意識，其中所衍生的人工心智與人工心靈，並不能等同於人的心智與心靈。

　　然而，心智一元論對功能導向的專注與探討，仍有可能衍生出一種從結果推論的可能性：人工智能的意識與其衍生的人工心智與人工心靈，雖然缺乏自由意志的先天條件，但人工意識衍生其心智與心靈的類人思考的模擬本身的「思考」，是什麼樣性質的思考？這個提問雖然在前提上，承認人工智能的意識是對思考的模擬作用與產出結果，即使不能等同於人的心智與心靈，又應該如何解釋來自模擬思考的思考？這可以讓機器本身擁有或等同於一種精神活動嗎？

　　如果回到笛卡兒心物二元觀點的理路，繼續探究下去，人工智能的模擬思考與人的思考活動，在認知上的判斷，都是可以分別獨立於機器與身體而存在的事實，但是，兩者的思考運作又有什麼差異性？以致我們可以判斷人的思考是精神活動，而人工智能的模擬思考不是？如果模擬思考的思考與真正的思考之間，確實存有本質上的差異，人工智能的物之思，也是一種具有真實性的思考現象，而自證「機器能夠思考」的事實。

　　不過，對於「機器真的能思考」的問題，仍有極大的異

議空間——機器的人工意識雖然因不具先天自由意志而缺乏自我獨立與自主性，但有沒有可能會發生心智一元論專注於功能導向而可能發生的假設現象：當人工智能的技術使人工智能的智能運作與行動，都能精細到完全真人化，甚至做到人工智能的模擬可以同化人類心智的程度，機器不具人先天存在的自由意志的前提條件，已然不是那麼重要——並進而承認人工智能的模擬思考本身即使是一種類精神活動，但因為具有思考屬性，就算不能等同於真正思考，也可能被視作人類思考的異化現象而理所當然。一旦發生了，擁有人型的強人工智能與人之間的界限該在哪裡？人工智能人該不該擁有「人」權？擁有什麼樣的「人」權？人工智能的製造者／使用者與人工智能的智能之間的應對關係、及其生產消費使用關係，人工智能的智能行為與心智產出又該如何分配責任分屬與其合理性？

　　這些預設性想像問題，提醒我們選擇繼續無限制發展人工智能之後的風險控管，以及從計算的道德規範（Ethic of computing）延伸出人工智能社會可能出現的危機現象，像是：人們可能由於自動化而失業、人們可能擁有過多（或過少）的閒暇時間、人們可能會失去作為人的獨一無二的感覺、人工智能可能導致非預期的結果、人工智能系統可能會導致責任歸屬的喪失、人工智能的成功可能意味著人類種族的終結等種種難題（Russell，2011，26-13）。

　　這些種種難題顯示繼續發展人工智能與相關技術的潛在風險，以及為何在人工智能領域中必須預設人文思維與倫理價值，作為回應人工智能繼續發展下去的核心素養能力的理由。同時，將人文思維與倫理價值納入人工智能知識與技術開發不

可或缺的反思素養能力，主要的原因在於，人工智能的極化挑戰了人類心智在地球生物中的獨一無二性，並以科技的技術實踐了機器模擬人類心智運作的想像。

這意謂未來人工智能的極化發展，勢必影響人類心智分工的社會型態，就像十八世紀工業革命的機器技術，既創造了前所未有的文明生活，但也徹底改造傳統社會的勞力技術分工型態。人文思維與倫理價值導入人工智能知識與技術領域的反思探究，可以提醒使用者與技術開發者，未來以人工智能為開發技術導向的社會型態發展，「人」與「人工智能」的本質有何不同？人工智能的人工意識與人類自我意識、學習心靈的現象之於「人」的意義又各自代表什麼意義與價值？人工智能可以取代人的什麼？不能取代人的又是什麼？這些問題都關涉到課程為何採取人工智能意識與人類自我意識的架構對照設計，作為探究人工智能倫理的教學設計與學生引導基礎。

但是，這些以人類文明歷史發展與人文價值向度為核心思惟的探究架構，都未被目前人工智能的通識課程所重視，顯示人工智能的通識課程設計本身的跨域探究，並未普遍或理所當然導入人文通識領域教學者本身所能提供的人文思考或人文批判觀點，以至於人文主義向度對人工智能發展所可能啟動的基本提問的缺遺，如人工智能模擬人類心智運為何可以／不可以等同人類心智的認知觀點是什麼？這些認知觀點如何設定人工智能在現在社會或未來生產應用的各種權限關係與倫理界限？人工智能的「理性代言人」作為人類心智運作的可顯現他者，是否挑戰、如何挑戰人類心智的創造性與特殊性？人工智能的人工意識與自主學習機制之於人類自我意識與心靈學習的

異同性，如何挑戰或改變過去人文主義的傳統？我們接受挑戰的同時，如何重建人文主義之於人本核心的普世價值？以及重新喚起我們對「人是什麼？」、「人的價值是什麼？」、「人的自我價值如何透過探問而形成普遍知識？」笛卡兒透過自我懷疑而推論出對於自我意識的確定性，之於人工智能是否能因而產生人工意識，提供了一個值得教學者設計開發的議題思辨與探究進路。

第四節　開放式的觀察與反思

不管是從笛卡兒的心物二元論，或是延宕心智如何控制身體的難題，轉向心物一元論，都可以發現人工智能的科技發展，挑戰心物二元論或是心物一元論一致以「人」為本位的心智討論範圍，進而我們可以透過笛卡兒為探究思惟的起點，進而提問一個可能性：如果人類的心靈真的有多重的可實現性？笛卡兒的心物二元論與心物一元論的理解與詮釋框架，則可以為人工智能的人工意識的可能性與如何理解其異同於人類意識，提供了一個既可以分解討論、也可以綜合討論的探究上的思惟架構。而人類本身的心靈的多重可實現性的前提，也可以讓我們避開以人為本位、或以人為唯一有心智能力的高等智慧生物的認知本位觀點，而將焦點放在大腦的運作／執行方式本身，即大腦本身的運作／執行方式與程式驅動有異曲同工之妙、甚至有同屬於「心」屬性的「本質」可能性，則心靈的多重可實現性的問題將可以得到解決或被證實。

這個理解的轉向，會解消人類意識所對應的心靈狀態，不再執著於只限於有靈魂的人類、或取決於神經元激發與運作大的腦狀態，而將重點放在「功能運作／執行本身」。這個觀點傾向支持以功能狀態解釋意識的存在與心靈的運作，但是，卻不宜直接從此觀點混淆或直接推論人工智能的人工意識可以等同於人類的意識。因為從身、心、靈三個整面向而來的人觀，或是由身與心整合的人對自我的認知，所強調的「人」都不是權衡於功能的「工具」，而是會趨向於存在與意義的價值探問脈絡，不同於「功能運作／執行本身」的複製經驗，僅是一種輸入與輸出的程式現象，並不能說明這種現象作為人的一種生存表現向度，可以等同於機械的複製功能。但是，這樣的對照性理解，可以較清楚看到人作為擁有主體意識的生物個體，以及人工意識作為可能擁有客體的人工意識的物質個體的差異。

塞爾根據圖靈測試的構想，假設了一個「中文屋」的思想實驗，說明人類心智的複雜程度是遠遠超過功能論所言及的複製狀況。在這個思想實驗中，他假設該系統在一個屋子裡，有一個小縫隙與外部相通，內有一個只懂英語的人和一本英文的手冊，以及各式各樣的紙；這個人將縫隙出現一連串的中文語言符號的紙片，依循英文手冊的說明，找尋所對應的符號，再轉錄到一張紙上回傳出去。塞爾宣稱，屋子裡的人不懂得中文，但可以根據指令，以流利的中文回覆，然而，「理解」對這個人來說，並未發生，系統回應只是正確的輸入輸出行為，並不能成為一個心靈的充份條件（塞爾，1980）。

塞爾的中文屋的思想實驗點出一個具有功能性的系統與

輸入輸出的程式，並不能等同人類心智狀態，如果程式必須執行像人類神經元中由低階物理過程所引起的高階突現特徵，不能只有執行的功能性，而是必須要能擁有與人一樣相同因果能力的架構，才能對等而論。塞爾的中文屋思想實驗，有助於從人類智能產生於生物性實體、以及人工智能產生於非生物性質實體的事實，更專注於「理性」功能於多重實現性中的不同架構的系統運作事實。

也就是說，人工智能像人一樣思考的系統與使用計算模型（演算法）的「理性」功能，即使有可能使得人工智能擁有人工意識、像人一樣有可以深度學習與進行決策等系統思維，但是，人的智能不管來自有機生物的大腦實體或是心靈的精神內容，就是與人工智能來自電腦程式的語法實體不同。賽爾的「中文屋」的思想實驗，雖然只是一個思想上的推論，但是，對於整個實驗的說明與過程推論，卻可以提醒我們對於「理解」之於心智運作的關鍵位置，以及有機生物來自大腦實體或是心靈精神所產生的「理解」，與人工智能來自電腦程式的語法實體而產生不需有理解而能達偵一致的等同現象，我們仍有懸而未解的問題存在？「理解」之於人的心智運作的肯定價值，以及「不需經過人類理解過程」而仍可以達臻相同結果的應用效能？我們的選擇與判定是什麼？

塞爾的「中文屋」思想實驗的時代，人工智能技術仍停留在初始發展的階段，但隨著圖靈的構想實踐越來越能擁有整全與普遍深化的發展結果時，人工智能——特別是模擬人類知能運作的強人工智能，作為人類的「理性代理人」的他者存在，以及這個他者進入人類文明社會與系統體制的廣泛性與結

構性影響。這已經不只是塞爾在「中文屋」思想實驗中的心靈條件判定問題而已，而是人類文明社會歷史中、相對更複雜的技術革命改變社會結構的文明進步結果。

我們不妨循著塞爾的「中文屋」思想實驗進路，將之繼續推進為一個對於人類未來社會發展的隱喻想像實驗，將「中文屋」作為多種人工智能應用於人類社會各類型工作職業的隱喻，「中文屋」裡原本是人所從事的工作，應該／不應該被人工智能所取代？亦或是從中庸之道提出合作模式解決前者是否被取代的尖銳衝突？不管選擇為何，任何的可能選擇都應該被納入充份的討論中，不宜理所當然地「視人工智能為以未來事實」而全盤接受。這也是人工智能通識教育必須突破目前過於偏重科技思惟或技術導向的教學內容，而需要有更多傳統人文學者願意進入人工智能的通識教學領域，引入不同人文知識立場與倫理價值選擇的多元思惟與思辯議題，形成教學設計核心的重要原因。從人文知識的形成與價值，探究人類知能中的理性與工具理性的現象與本質，也許是一個值得借鏡探究人的智能與人工智能異同性的理解框架。

理性與工具理性同樣作為人類表現主體的運作方式，所涉及到的關鍵不是表現的現象，事實上，理性與工具理性的運作，是屬於心智運作隱而未顯的過程；通常顯明而可直接觀察的結果行為現象，很難馬上可以推測、判定是基於理性或工具理性。理性與工具理性的差異性，不妨可以藉助於康德在實踐道德批判脈絡中，將理性區分為純粹理性與一般理性的概念──純粹理性與一般理性都可以導致道德行為，但兩者卻有價值上的天壤地別；純粹理性的實踐來自為道德而道德的動機與

義務行為，而一般理性則否，涉及人為計算功利的非純正性。純粹理性的運作關乎道德人格自我認知的完整與獨立性，而一般理性則是將理性工具化，視道德行為為道德實踐，缺乏對行為動機的自我審視與道德意識的自我認識能力。

　　康德對於人類道德理性的批判，提供我們對於看似一樣的現象行為、但因動機的運作原理不同而產生不同價值的認知判斷的合理性思考，應用在區分人類本尊應用理性與人工智能作為人類「理性代言人」的「理性他者」之間價值判斷的類比推論上。人文主義之於理性與科技主義之於工具理性的價值認知與選擇，有助於更中立化審視理性之於人的智能與理性他者之於人工智能的開放觀察與其之後的價值選擇問題，特別是人工智能與其產生的「理性」現象與其產生的高效能與社會應用，人工智能可資參與或改變的社會結構，究竟是朝向哪個方向發展？理性的主體與理性他者的客體，以及兩者之間在應用過程所產生的複雜的經濟、文化、社會生產與互動，其倫理規範的一致性與合理性，都涉及到人工智慧作為現代方法與接受應用之後對人類自我認知的挑戰。

　　其中，作為人類智能與其結構理性功能的他者，是否足以取代人類智能與理性功能，或是應該／不應該取代人類智能與理性價值，都涉及到人工智能科技研究發展與倫理界限設定發展的根本爭議。而人工智能倫理的學習設計，之所以不能被排除在人工智能的認知教育課程，就是因為人類社會自工業革命，開始啟動以現代化與相應的進步作為人類文明核心的歷史進程，並未解決人類的生存資源分配與相應創造出更好的社會發展型態，反而衍生出更多領域相對不公平與發展失衡的現

象；而相關社會而到了人工智能時代，更是極有可能將人類的
自動化技術與電腦資訊的應用，達臻至人類文明前所未有的質
變可能，甚至正如既是數學教授、也是科幻小說家的凡納·文
區（Vernor Vinge）於 1993 年所預測的毀滅性發展趨勢：
「在 30 年，我們將擁有創造超人智慧的技術方法。其後不
久，人類時代將會結束。」（Russell，2019，26-16）。

　　因此，人工智能也像其他新技術一樣，不能只專注在發
展，仍須要有同時進行是否應該發展的風險評估與道德規範，
才不會引發未來人工智能取代人類自主社會的恐慌，或是理所
當然接受人工智能具有等同於或凌駕人類精神文明的價值認知
觀點。而人工智能通識教育課程的倫理議題設計與人文價值為
核心的討論框架，有助於探討人工智能與（人類）真正知能之
間的邊界，以及從人工智能作為模擬人類智能的他者反思
「人」的主體性意義與價值。

　　人的主體性的普遍認知關乎「人」的意義與價值判斷，
也區分了人在地球生物群中的特殊定位，其中，人的自我意
識、思考、道德等非關生物性身體本能的特殊存在現象，成為
人與萬物之分的尺度界限。如何從人的主體性意義與價值為起
點，審視定位人工智能的「模擬機械」（virtual machine）與
其產出仿人類行動的「弱人工智能」、仿人類意識的「強人工
智能」，包括這些人工智能模擬人類行動與心智運作過程所出
現的類人類勞動與類人類意識的價值定位，以及其進入人類經
濟、人際社會之後的運作效能，且能依此研究認知，進而能合
理制定出可回推於生產者與使用者彼此應該遵守的經濟與社會
倫理規範，甚至研訂相關法規及對應法律制度。

　　這些相關人工智能本身與其相關經濟與社會倫理規範的度量衡，都關乎人工智能之於人的模擬程度與相似性，以及提供吾人審慎思考人工智能本身的商品化與商品經濟化之後、對於原本現代社會專業分工與技術的取代評估。同時，專業分工作為人類維持社會文明運作的一個驅動力，不管是「弱人工智能」或「強人工智能」，甚至未來人工智能技術突破奇異點後所出現的人工智能人，這些與人的主體的本質差異到底是什麼？如何重新認真探索人的主體價值？而能透過人的主體探索與肯定，檢視人工智能所產生的類主體現象與價值評估。

　　這個思考進路來看，人工智能的人工意識與其類人類自我意識及學習心靈的客觀開放特質，可以成為探問人工智能之於人類智能的異質性起點。Igor Aleksander 提出的 Magnus（Multi Automata General Neural Units Structure）計畫，以及 Magnus 作為學習能力屬性的神經性軟體，可以將之看成是進行學習心靈特性的開放架構的想法，並在 1994 年撰寫《AI 人工智慧──不可思議的心靈》（*Impossible Minds: My Neurons, My Consciousness*）的科普專書，嘗試從一個虛構的「Molecula」故事啟迪想像、並對應真實的 Magnus 計畫執行「神經元如何發展意識」的主軸探討，與讀者分享與 Magnus 一起工作後，「開始覺得能夠了解我的神經元如何導致意識的產生」的特殊經驗（Aleksander，2001，iv-v）。

　　Igor Aleksander 指出了人類作為一個個獨立的有機體、從發現自我與他人、並產生意識，有其限制在「被包裹與私密的東西。我們都生活在自己的繭裡面」的困難點，與 AI 的 Magnus 作為非有機體的他者，他能「真切看到 Magnus 於任

意時點思考的總和」的圖像化過程，完全不同。他描述了這樣
的經驗，並得出 Magnus 之所以可以產生「類人工意識」的合
理推測：

> 一言以蔽之，我能進入 Magnus 的繭中，並開始推論
> 成為 Magnus 會是怎樣。同時也因為我建構了 Magnus，
> 我知道它能如何運作，也能推測它將會怎麼做，我還能
> 提供 Magnus 心理世界為何是像它那樣解釋。所以無論
> Magnus 的意識可能屬於哪種層次，我都能基於對它的設
> 計與經驗而提出解釋。（Aleksander，2001，11-12）

Igor Aleksander 的經驗描述與其相關研究論述，提供了透
過 AI 作為人類觀察自我意識的類自我的他者的可能性，並且
以此為可觀察的他者，進而使得原本難以證明或陳述的關於人
的主體條件建構的重要概念，如自我、意志、質感（qualia，
心靈經驗的品質），可以透過 Magnus 的類人類神經元運作與
類人類學習方式，揭露出 Magnus 在進行模擬類人類意識化的
過程，以及設計者根據模擬設計所做出的現象心理化詮釋，進
而合理推測 Magnus 有其所屬的類人工意識與類人工心靈。

Igor Aleksander 透過推測 Magnus 的類人工意識與類人工
心靈的合理性，試圖展開對心理學，對語言學、對哲學領域等
重要與人有關的領域對話。Igor Aleksander 的立論與探究進
路，指出目前人類觀察自己主體形成、與觀察人工智能本身的
類人類主體的客體存在的最大界限，在於人類對於自身意識理
解的限制，以及目前 AI 技術尚未能實踐的自由意志化。而對

於 Igor Aleksander 以 Magnus 類人類神經元網絡的機體的學習模型，作為人工智能有其類人工意識與類人工心靈的推理預設，以此形成「人的意識」與「AI.」類人工意識的開放討論框架，為意識之於人工智能的通識課程與人工智能的倫理探究，提供了一個很好的議題化設計與跨領域對話的基礎，探究人與人工智能之於其產生意識與心靈的條件，與其相似現象描述、但有不同本質的各自意義探討。Igor Aleksander 的經驗描述與研究論述，從人與科技互動立場所提出的類主體的他者的存在事實，也指出人工智能的人工意識探究之於人類自我意識與心靈學習的開放式觀察框架與設計教學的想像空間。（Aleksander，2001，i-vx）

　　回到人工智能的人工意識探究之於人類自我意識與心靈學習的開放式觀察框架的探討議題，人工智能透過模擬人類理性思考、實踐人類理性行動的「理性代理人」的現代方法，以至探討人工智能的「理性代理人」的客體身份與定位認知，都涉及到人工智慧的發展歷史與逐漸成熟的應用技術。人工智能與過去任何人類文明的發明物不同的地方，在於人工智能對於人類的「理性」特質的實體他者化與強化應用效能。「人工智能人」也成為「人工智能」領域中相當具有吸引力的極大化整合夢想。這個夢想如果被人工智能技術實踐出來，人工智能的人工意識與人工心靈能不能從類人類的客體化認知，取得人工智能本身的主體性位置？人工智能的類人類理性與其實體的純粹化，是否可優位於人類的理性主體？兩者之間的倫理邊際又該如何界定？

　　改編布萊恩・奧爾迪斯（Brian Aldiss）小說的著名電影

《人工智慧》（A.I.）（Spielberg，2001），講述一個被設計相信自己就是人類的智慧型機器人，其所遭遇無法理解自己最終被主人——母親拋棄的命運（Russell，2019，26-18）。這個故事挑戰人工智能人作為資本主義經濟商品定位，與其被設計成具有自我意識的主體屬性的「人」，兩者之間所產生的矛盾問題。故事走到最後，揭露這位智慧型機器人小男孩，之所以遭到母親拋棄命運的原因，在於他並不是自己依照設計所宣稱的「獨一無二」，而是機器人工廠透過技術「大量複製」的其一商品。

這個故事之所以觸目警世，在於當人類的科技技術可以突破過去人類知識文明累積對人所下的定義，並將之商品化與交易化時，「人」作為一個主體的意識與心靈獨特性，將如何被看待？故事中的智慧型機器人的純真小男孩形象，更加凸顯人工智能超越人類「理性代理人」的界限，越位到有關情感、意志的人際互動與關係中，人的意識與心靈，類人擬真到幾乎能等同與真人程度的人工智能意識與心靈，又該如何界定彼此的身份與倫理規範？人類對機器產生的情感，只是人類自我情感投射的個人問題，無關乎倫理；但當機器可以超越機器本身限制，像人一樣擁有自由意志時，人應該如何對待一個「有自由意志的機器體」？而這個擁有自由意志的機器體，是否可以因自由意志而自主決定自己的命運？甚至有權主張取而代之？

這些問題雖然目前都因技術限制而未能構成問題，但這些問題都指向人工智能機械對「人」的定位與範疇的「代理程度」的底線規定，也讓我們不得不思考，人類是否有其必要持續挑戰人工智能領域在未來發展「人工智能人」的欲望與技

術？這是人文主義者對於「人」的主體本位，或針對「人」的內涵本位探討時，必須審慎向人工智能朝向技術奇點發展過程提出的重要倫理問題思考與提醒。

人工智能的人工意識、人工心靈與其未來可能演化的人工自由意志，作為人思索主體屬性與價值意義的參照框架，確實可以幫助吾人重新檢視人對人之意識、理性與心智形成的特殊性。然而，人工智能不只作為 21 世紀的主流科技發展，也作為一種現代方法的的全面實踐，大學通識教育如何回應人工智能、並提出有益於大學通識觀點之下的人工智能的知識判斷，人文觀點的反思設計是絕對不能排除在外，並且要積極引入相關對人工智能的「理性代理人」現象與本質的探索，形成重要的倫理議題，進行思考探索。

其中，從人類意識到人工智能的人工意識問題的探究學習，就是一個很值得導入人工智能倫理課程的設計路徑。學習者可以透過「意識」的提問，觀察人工智能模擬人類心智而出現的人工意識與其相關現象，以及發展願景中，可能對人的主體性認知所造成的衝擊或困境。但是，另一方面來說，這也提供吾人如何通過通識教育中導入人工智能倫理探討的重要切入點。

第八章 《孫子兵法》的通識專業化教學原理與實踐

本章概述

　　《孫子兵法》是臺灣軍事院校體系針對國文基礎課程的指定通用教材，也是臺灣高等教育體制中最有特色、且充份符合軍事院校培育軍人核心素養與「軍官專業」導向的基礎課程之一。筆者即針對《孫子兵法》課程的共備通識國文與軍官專業通識的特殊性，透過《孫子兵法》所內蘊的知識原理，以及「通識專業化」教學原理，分析並建議《孫子兵法》在通識國文的最適教學策略與教學架構建議。

第一節 專題國文課程的《孫子兵法》

　　《孫子兵法》是臺灣國軍軍事院校體系規範國文課程的通用指定教材，也是臺灣高等教育體制中，極具軍事屬性與專題導向的通識國文課程。《孫子兵法》的特殊性就一般國文課程的教學目的來說，其導向已經超溢對「文言文」的閱讀理解與審美鑑賞的基礎能力培養範圍，但是，在課程的規劃安排上，仍尚未跳脫通用指定教材的「國文」課程規範，也未另外獨立為更具專業性導向的軍事管理與戰爭思想課程，或是轉以規劃為軍事屬性的專題系列課程，而仍被規範在國文屬性的通

識基礎課程。

隨著高等教育體制對通識教育的改革聲浪與呼籲實踐，通識教育專業化成為發展趨勢；隨著通識教育專業化的發展趨勢，中西方傳統教育中所重視的博雅人文精神與理念，開始挑戰過去長期以來以傳授專業知識為核心的高等教育實踐，隨即而來的，是對專業系所以專業技能與知識為核心教育所造成的各種已經與可能造成失衡的批判。重視通識教育趨勢的重新崛起，也啟動通識教育與教學在臺灣高等教育體制中，漸漸作為一種「專業領域」的教育思維——而非過去輔助或補充專業知識與技能學習為充要條件的人文陶養教育。

通識教育與教學作為足以抗衡（抑或補救）專業核心教育缺乏「人」之整全觀點的價值導向實踐教育，不只啟動各大專院校對通識教育課程結構的系統改革與進化，也以一股隱形的趨勢旋風，悄然帶動各專業領域教師對其課程本身的教學目標與教學導向——從傳道、授業、解惑的教師倫理與傳統專業教學的認知實踐角度，轉向如何通過課程內容設計與學習鷹架（scaffolding）的「教學專業」思維，促使各種教學法理論與應用，隨即充斥在各專業領域教師的教學現場。

面對這一批充滿趨勢自覺的專業領域教師的「課程教學實驗」，不難發現通識教育教師所面臨的更大挑戰，已經不只是在於價值理念的傳導，而是當通識教育與教學作為一種專業領域的趨勢發展，專業領域教師都可以藉由通識化教學而展現更強大、更人性化的專業知識傳播能量時，通識教師應該展現的「通識教育與教學專業」是什麼？才更能說服他人相信通識教育的獨立價值，以及其應該並駕或甚至超然於專業知識教

育！

　　目前，《孫子兵法》在國軍軍事教育體系中仍列歸通識國文教師授課，但是，教授《孫子兵法》的通識國文教師，不一定每一位都有《孫子兵法》或相關古代軍事理論的學術研究背景；而最適合教《孫子兵法》的軍事理論或戰爭管理學者，又不見得能跨越到「國文」的相關專業背景。因此，國文教師之於《孫子兵法》專業與軍事理論家之於國文專業的不對等，則會延伸出幾個非常重要的問題：非以《孫子兵法》為專業研究領域的通識國文教師，在面對《孫子兵法》作為國文指定教材時，究竟應該教什麼？可以教什麼？怎麼教才能激發最適學生的學習成效？只是像一般國文老師講述文言文的語法結構？帶領學生做孫子思想的賞析？還是能夠像軍事理論家一樣，全面檢視孫子的戰爭思維與戰爭管理，並能自由討論孫子兵法在古代戰爭或現代戰爭的效益作用與對照修正？

　　上述的問題則必須回到學習者學習本位的角度，思考一個很重要的問題：軍事院校學生為什麼在通識國文課程必須學習《孫子兵法》？這個問題涉及到二個關鍵問題：一、《孫子兵法》對學生發展他們未來軍人職涯生活有何助益效能？二、《孫子兵法》對於軍人身分認同的生命素養有何啟發作用？這兩個問題之所以關鍵的原因在於，第一個問題涉及到《孫子兵法》對軍事院校學生在未來職業軍人生涯必須精進的專業能力；第二個問題則涉及到《孫子兵法》對軍事院校學生在未來職涯軍階晉升過程的軍人自我省思與想像實踐。簡單的說，《孫子兵法》在前述兩個關鍵問題中，不只是國文課程，而是一門關於古代兵法的專題課程，但在現代軍人養成教育中，仍

具有提供軍事戰備專業知識能力的作用，也能積極幫助軍人從國家戰略、軍事戰備、管理領導等不同角度，提供自我實踐於各軍階位份所需要的「責任感」與「榮譽」的檢核指標。

從前述《孫子兵法》之於軍事院校學生在未來職涯發展專業能力與提升軍人品質的實質助益作用，可以清楚看到《孫子兵法》之於國文通識教師與之於軍事院校學生，基本上是位於不同層次的思考——除非教學者過去和學生一樣曾擁有過軍事院校的訓練經歷。如果，軍事院校的通識國文教師未曾有出身軍校、擁有職業軍旅的背景，就學期間也未特別選擇《孫子兵法》或相關領域作為專門領域，缺乏這兩個或其一充要條件的教師要如何能夠克服個人經驗之於學生職涯準備、個人學術專長領域之於《孫子兵法》軍事理論的不對等，而能達到最適學生學習的教學準備與授業內容？

同時，一但通識國文教師從軍事院校學生的學習本位，探入《孫子兵法》作為通用指定教材的設計動機，也會發現多數國文教師之於《孫子兵法》所能授業的文言文理解與思想賞析的傳統授課內容，其實是有所不足。本章即針對未能兼備軍校、軍旅背景與《孫子兵法》專業學術領域的通識國文教師，從通識教師的「通識專業」本位思考角度，透過「通識專業化」的教學思維，以及解釋原理運作，說明即使是未有軍校、軍旅背景與《孫子兵法》專業學術領域的背景，為何仍能夠達成最適學生學習本位的教學——即與兼備軍校、軍旅背景與《孫子兵法》專業學術領域等兩個充要條件的通識國文教師所能做到的最佳教學內容與啟發。

本章將從三個層次針對上述現象，論述實踐的可行性。

此三個層次包括：一、從通識教師在教學現場所面對的處境，分析通識教師的「通識專業」能力為何不能只停留在一般專業系所教師即可自行發展的通識化教學能力——即將專業知識深入淺出、以達普遍被接受的敘述能力，而是必須發展針對不同專業知識領語的跨域整合敘述能力，提出可以統整一般國文通識教師與軍事理論專業教師教學目的教學策略；二、從流程、結構、策略的三維面向，說明通識國文教師的通識專業化教學，是如何透過「知識地圖」的教學策略，展演《孫子兵法》對戰爭本質、動機、戰略、戰術等層次的思維方法與經驗結論，進而達到通識專業化教學目的；三、提供學習者對於《孫子兵法》從認知反思到應用實踐的教學討論設計，提升學習者對軍人專業與戰爭責任的意識認同與經驗想像，以其培育深化軍官素養。

第二節　專業化導向的通識教學

《孫子兵法》作為通識國文的教材，對於一個非具有古代軍事研究專業背景的通識教師，在面對國家未來軍官身分的學習者，到底應該教什麼？可以教什麼？如何教？確實是備課時首當其衝的三位一體的大哉問。這三位一體的大哉問之所以必須自問的原因，在於一般通識國文教師在專業養成過程中，並非人人都有軍事相關背景。因此，有必要以此三個大哉問各自對應教師教學本位與學生學習本位，觀察教師教學本位的教學內容與學生學習本位的學習目的之間，是否形成對等，還是

有落差？

　　一般而言，非軍事相關背景出身教師之於《孫子兵法》，「應該教什麼」的首衝問題，根據其國文教育養成背景，通常會慣性將《孫子兵法》導向「文言文的文本」定位，然而就像一般文言文的脈絡教法一樣──從題解、作者、文本賞析／分析加翻譯、文本問題與討論，著重於文本形成（包括作者、時代）的背景縱觀與文本敘述微觀所呼應的整全「理解」；而接續而來的，「可以教什麼」則端乎教師個人在課堂上對《孫子兵法》閱讀的再現與詮釋，「如何教」則繫之教學敘述力與展現風格。

　　然而，換位到學習者立場來思考《孫子兵法》應該教什麼？可以教什麼？如何教？這三位一體的大哉問又將所有問題導向一個更重要的層次脈絡──《孫子兵法》之於國家未來準軍官／將官的養成教育，學習者應該學什麼？可以學什麼？如何學？這個換位思考所引出的脈絡問題，清楚提點出《孫子兵法》之於軍官養成教育中，重點不是在於學習者對《孫子兵法》文本所產生的分析／賞析理解，而是《孫子兵法》文本中本身所涉及的軍事專業相關知識與素質發展，可以如何幫助學習者在未來國家軍官職涯中，發揮正向效應，並在缺乏實戰經驗的狀態中，仍能做出正確的預測與判斷。也就是說，《孫子兵法》之所以成為國家未來準軍官必讀的通識國文共通教材，其價值不在於孫子的文字、思想有多精彩，而是《孫子兵法》確實是一本可以有助學習者未來通往將官之路的古代軍事戰爭理論與藝術之作。

　　因此，從通識國文教師的教學立場、換位到國家未來軍

官養成目的的學習者立場，可以發現教師的教學導向並不能直接對應學習者的學習目標，以致學習者在學習過程不容易因理解《孫子兵法》而認同通識國文，而通識國文教師之於《孫子兵法》的文言文脈絡教學法，即使再精彩、精闢，不過就是如實、準確、充滿個人講述教學風格的「展演」——就通識國文教師立場而言，這恐怕也是個人之於古代軍事名著教學所能做到最好的策略教學模式。

　　回到一般國文本身的非《孫子兵法》相關專業背景，以「展演再現」、「轉譯」為核心策略的文言文脈絡教學法，雖然可以幫助教師跨域到《孫子兵法》的教學範疇，但在教學效能上，教師本身所缺乏的軍事相關背景與專業訓練，限制教師從戰爭科學的角度，深入探討／想像《孫子兵法》從實戰經驗淬鍊的軍事戰爭原理與法則，以及再從原理法則回推於實戰所需要的策略布局與情勢預測的可能應用，以致通識國文教師的《孫子兵法》教學，之於《孫子兵法》的專業知識領域，只做到了深入淺出、完整精確精彩再現的「通識化」教學效果。雖然，在此展演過程中，仍可因教師個人的理解詮釋，存有許多啟發學習者的機鋒或機緣機會，但對於學習者的專業軍事知識與軍官素養培育，總有隔靴搔癢、力有未逮之處。

　　因此，對於一般通識國文教師之於《孫子兵法》教學，以文言文脈絡教學所達到的通識化教學效果，即使精彩萬分、啟發不斷，但精采萬分、啟發不斷的教學成效，只是拉近教師教學目的成效與學生學習目的的間隙，並未解決兩者之間原本存在的不對等問題。認真以對兩者之間的不對等，通識國文教師從教師教學中心換位到學生學習中心，是否有可能將文言文

脈絡教學的通識化教學，視為是通識國文之於《孫子兵法》的基礎教學，而可以從通識專業教師的角度，結合以學生學習為中心的教學設計，將個人教學內容跨域到《孫子兵法》之於古代軍事科學的專業知識視域，以此重新整合《孫子兵法》之於現代國家軍官養成教育可提供的知識價值，進而從跨專業知識的通識專業化教學立場，提出《孫子兵法》的最適軍官素質教育的通識國文教學策略與結構教學法，進而預備學習者對於未來軍官職份認同與想像的心智與思維能力。

第三節　設計與實踐

　　從學習者角度重新檢視一般通識國文教師慣行採用文言文脈絡教學的《孫子兵法》，以及可能達到的最佳教學效果，會發現其教學並不能檢測出學習者在學習過程，因《孫子兵法》而產生有益於軍官心智能力的啟發效應。但是，如果教學者願意針對學習者的學習目的，將個人教學繼續精進、延伸至《孫子兵法》的戰爭軍事理論的專業知識領域，檢驗孫子對於戰爭發生過程所需要的戰爭準備、用兵規則、實戰作業、地形研判、特殊戰法的經驗法則，以及孫子通過系統化經驗法則現象敘述所呈現的國家戰爭戰備結構思維，則更能協助學習者可以將其對《孫子兵法》的語文表達與內容敘述的理解，通過知識理性檢驗，累進心智判斷的學習經驗，進而發展出未來可以迅速適應戰爭戰備的心智思維與彈性能力。對於學習者來說，這才是學習者學習《孫子兵法》最大的啟發效用與價值意義，

而對於教學者來說，跨域專業教學才真正能觸及到學習者最有價值與啟發效能的學習目的。

　　然而，一般國文通識教師如何做到跨域的專業教學，為學習者設計出可以協助學習者將《孫子兵法》知識認知內化於心智能力的教學模式，進而真正達到通識專業化教學目的？這個提問涉及通識國文教師如何可能從文言文教學脈絡的閱讀與理解為起點，重新以「知識管理方法」為學生建構理解的論述架構（framework）。至於如何以「知識管理方法」切入《孫子兵法》的戰爭科學管理思維，作為教學——理解的論述架構，建議通識國文老師可以借助程國政在《孫子兵法知識地圖》中的「流程」、「策略」、「結構」等三個維度的構面，作為學習者的理解架構，幫助學習者掌握《孫子兵法》的知識思維結構。

　　程國政的說明如下：從全書論述來看，孫子談兵是以軍隊組織為主體，凡是組織都可以用「流程」、「結構」、「策略」等構面來概括，「流程」是指組織的運作程序；「結構」指組織的治理形式；「策略」則是組織的管理規則……將以這三重構面來展開《孫子兵法》的知識結構，第一步驟是以十三篇順序作為「流程」構面，第二步驟是以現代軍事範疇作為「結構」構面；第三步驟則是以用兵之法作為「策略」構面；這三個步驟把《孫子兵法》解構、重組為一個三維的知識結構，這一結構既遵從了孫子自己的邏輯體系，又符合現代組織

的共通功能，因此將有利於多元領域的應用取捨[43]。

　　透過程國政對《孫子兵法》架構的一維流程、二維治理、三維策略的知識結構，閱讀《孫子兵法》，則可以清楚看到孫子以經驗時間的方式，掌握戰爭在備戰、興戰、實戰、終戰的流程邏輯，並提點出他個人對戰爭如何變化發展的原則與說明，即孫子個人所整理出的三十六個「兵學規則」。這些「兵學規則」可以看到孫子對戰爭的思索，以及他對戰爭各種發生狀況的掌握與解決。

　　因此，檢視這些「兵學規則」，等於是直探孫子對戰爭現象的歸納理解與心智運作的最適作為建議；這些最適作為建議反映出孫子對戰爭在時序性必然流程中，如何因應對戰者從屬情勢變化的決策行動的暴烈性與偶然性，以及孫子如何在戰爭的必然性與偶發性現象中的最適判斷。這些最適判斷即代表置身戰爭中的最適作為建議。

　　這些最適作為建議本身也因而代表孫子對戰爭本體——包括本質與現象的思考的意向性與整全性，迫使閱讀者學習應用這些兵法規則的同時，不得不去思考孫子——為何要發動戰爭？發動戰爭後要達到什麼樣的目標？要用什麼執行戰爭？執行達標的最適條件為何？——等重要的問題。這些重要問題指出戰爭者必須以高度的理性進行、並加以控制，才能達到戰爭的目的。因此，戰爭必須講求方法，而這些兵法規則就是孫子對戰爭方法所提出的方法論；將這些兵法對應現代的軍事範

---

[43] 程國政：《孫子兵法知識地圖》（臺北：遠流出版社），頁 4。

疇，會發現孫子從國家戰略（National Strategy）、軍事戰略（Military Management）、治軍理念的軍事管理（Military Management）、戰鬥戰術（Tactics Methodology）等範疇，都提出了相當寶貴的實踐經驗法則。

　　孫子在前述四大範疇提出的兵法原則，顯示孫子的戰爭經驗已然超越經驗現象本身，而是一個系統化、結構化探討戰爭現象、戰爭本質的原理。原理是對於現象生成的說明，可以協助戰爭者在不同範疇下所因應的戰爭情境，做出最適判斷。孫子兵法規則即是根據戰爭原理對應戰爭現象所演繹出來的最佳經驗判斷值。這些最佳經驗值不只是孫子對戰爭的「藝術化」詮釋的理解，而是具有高度現代精神的戰爭管理原則。包括從政治、經濟、國防、情報等戰略面向提出國家戰略範疇下的戰爭管理、從戰事戰況中的經常戰略與權變戰略提出軍事範疇的戰爭管理、從上層領導階層、軍隊管理提出治軍理念的戰爭管理、從實戰層面累積造勢、虛實、變通、佈陣、攻擊等戰術原則，以及行軍、偵查、開戰、火攻、諜報等作戰方法提出戰爭管理。

　　以上程國政從流程、結構、策略所展開的《孫子兵法》的知識理解，可以作為通識國文教師以跨軍事專業知識領域重整《孫子兵法》的教學內容，進而提出三個層次的《孫子兵法》教學策略：一、文言文教學：以流程地圖的概念建構以往《孫子兵法》的文言文教學脈絡，協助學習者以戰爭知識邏輯的系統架構閱讀《孫子兵法》的原文；二、內容反思教學：以孫子的兵學體系的結構地圖概念啟動學習者從國家戰略、軍事戰略——治軍理念的軍事管理、作戰方法等層級化架構，思考

孫子所提出的戰爭策略，以及對應到現代國家、現代軍事——
軍隊管理、現代戰爭處境的價值評估；三、哲學反思教學：以
孫子的戰爭哲學體系為討論架構，協助學習者從戰爭價值觀、
辯證方法論、戰爭認識論、軍事世界觀等四個層面，協助學習
者進階檢驗《孫子兵法》對「戰爭思考」的整體判斷，以期能
深層反思戰爭，以及能夠深刻體會將官／軍官在戰爭中為何必
須具備高度理性的行動者認知，以期能協助學習者認同《孫子
兵法》，並能將《孫子兵法》內化到個人的思維模式與心智運
作，進而達到軍官素質教育的目的。

　　因此，前述通識國文教師對於《孫子兵法》通識專業化
教學的實踐，如何而可能？並不是不可及，而是大學通識教師
面對專業系所教師也能跨「通識」、具備跨域專業知識通識化
教學能力的正向回應與可行性評估策略。同時，以「知識地
圖」作為通識專業化教學在設計課程的思維架構與方法，對於
大學通識教師而言，不管個人的學術專長或研究領域為何，從
對於知識處理的面向來說，若將各種知識細節公約化成資訊的
中立概念，各種專業知識的學術化訓練，其實正是體現這些資
訊如何而可能地或展演、或推導、或論述、或證明其為真，並
如何可被體系化、結構化、脈絡化的過程。

　　從這個觀點回推於通識教師為何要以發展通識專業化的
跨域教學能力為精進策略，也反映出教學者作為專業知識工作
者如何舉一反三，將不同專業領域知識資訊化後再體系化、結
構化、脈絡化的解構——結構的拆組能力。這種拆組能力正是
專業知識工作者的學術素養體現。

　　對於長期負擔通識課程教學的大學教師而言，跨域專業

化教學的設計與展演，不僅突破通識課程針對非專業系所學生開設、但仍須具有專業知識學習的教學挑戰，且也能展現教師在不同專業知識領域針對「知識」本身體會而累積的「學術」素養。最重要的是，以「知識地圖」跨域專業的教學設計，更能說服專業系所的課程教師通識教育之於大學教育的重要，進而在校務行政與教學合作上，願意支持大學通識教育與專業教育的平行發展，以及與其一樣重要、且需要「專業肯定」的尊重與願景[44]。

第四節　《孫子兵法》的現代化教學設計與軍官素養教育

　　通過一維流程結構、二維治理結構、三維策略結構所設計的《孫子兵法》教學方法，不儘可以實踐通識國文教師跨域軍事專業的教學展演與問題討論，更可以幫助學習者打造現代知識與管理的心智理解架構，進而更能掌握孫子對戰爭的理解思維與解決方法，以及孫子在這些理解思維與解決方法中對戰

---

[44] 筆者長年任教於大學通識教育中心，曾負責大一國文課程與各式課程改造後的總體性語文課程或專科分流的國文專題課程，常常從多數學生對待國文課程的學習反應中，發現學生經常持有一種對「大學國文課程不能與專業課程相提並論、大學國文教師的專業程度也不能等同專業教師」的偏見。筆者很難直接改變學生或僵化或價值偏頗的想法，但都會提醒學生：大學通識教育教師和系所專業課程教師一樣，都有其個人完整的專業知識與學術領域訓練，而且多數通識教育教師因必須開設通識課程，而必須跨域到「通識教學」領域，又因教學精進趨勢而自然從實踐經驗演化出「通識教學專業化」的跨域教學設計能力，應該值得獲得與專業課程教師一樣的平等地位。

爭本質的認識。對於教學者而言，《孫子兵法》不再只是文言文的教學教材，而是可以被系統化、結構化、脈絡化的「戰爭知識地圖」；對於學習者來說，《孫子兵法》也不只是作為通識國文的必學共通教材，而是（未曾有過戰爭經驗）軍人從認知理解想像戰爭建構、控制戰爭的「戰爭心智地圖」。但是，熟悉戰爭的本質與各種可能發生現象，對於學習者來說，即使再熟練《孫子兵法》的內容，都仍只是停留在理解的認知階段，並不保證未來可即時回饋於實戰經驗的效能，還必須經過情境問題的設計與討論，才能協助學習者未來在實戰中，能迅速鏈結過去的學習認知於戰勢的整合理解，進而做出最適判斷。

簡單而言，對於學習者而言，教學者對《孫子兵法》的通識專業化教學設計與展演，只是幫助學習者建構孫子的戰爭心智思維的認知學習與理解架構，但是，認知學習與理解架構不能直接等同心智能力，任何的認知學習必須經過內化，才能發展成心智能力，而心智能力還要經過不斷的實踐，才能累積成為「素養」。因此，素養教育的教學者，還必須從學習者的學習角度出發，再繼續提問一個關鍵的問題：教學者要如何協助學習者將認知學習的內化，繼續延展為心智能力，並且提供學習者訓練心智能力以對應環境的應變判斷，以期發展出更高階的直覺性的綜合心智判斷能力？

因此，如何將《孫子兵法》的知識結構應用在國家未來軍官的素養教育中？首先，必須回到軍人與戰爭的關係，才能找到適合的維度脈絡，設計情境與討論問題。從《孫子兵法》的戰爭流程敘述觀點，可以發現孫子談兵是以軍隊組織為主

體，說明軍人是戰爭的行動者，戰爭現象是由行動者的參與而產生。所以，就建構學習者的軍官素養教育而言，《孫子兵法》涉及到行動者如何在戰爭中行動的心智能力與最適判斷建議，說明「如何進行戰爭」是《孫子兵法》訓練學習者自我認知轉化到心智能力的最適脈絡。

　　「如何進行戰爭」涉及到戰略佈局，教學者可以根據現代軍事範疇的國家戰略、軍事戰略、軍事管理、作戰方法等脈絡結構，設計「中華民國在臺灣如果發生戰爭」的危機情境與系列問題[45]，交由學習者討論。由於教《孫子兵法》的教師都不是戰爭專家，因此，在此建議，只要扮演提問者或是鼓勵提問的類教練，或是同意以色列「全民皆兵」制度的想像者——畢竟戰爭發生，從島民同命的想像共同體，透過不同領域知識討論臺灣現今的條件與資源等可能遇到的危機，並不是不可行的教學策略。主要的重點是危機情境與問題條列的嘗試訓練。

　　危機情境與條列問題的教學設計，主要的目的在於協助學習者可以將認知學習過程中的記憶學習、分析學習、思考學習、整合學習……等因人而異的學習組合，可以將之應用出來，協助學習者發展綜合判斷力，以及為未來準備在實戰經驗中必須迅速累積的直覺性綜合判斷心智能力。

　　從教學教法來說，教學者可以應用不同的教學方法，如

---

[45] 危機情境案例的跨域教學與設計對於一般通識國文教師而言，過於專業化，因此，在執行上只要做到收集新聞報導做討論教案即可，如一九九六年的臺海飛彈危機；但如果有教師仍欲挑戰跨域教學的專業化，可以主動連結軍事理論課程教師，以工作坊方式進行共備課程的合作，或是從軍事核心概念，設計可聯合互惠教學的單一課程或群課，可為學習者提供有更多元的學習經驗。

以個案討論法進行沙盤推演，或是設計情境模糊的 PBL 教學法訓練學習者發現問題、解決問題的綜合能力……，但與一般課程不同的是，《孫子兵法》於此所涉及的軍官素養教育是關乎對應戰爭的心智能力，除攸關個人與同袍生死存亡，還關乎國家生存發展。

　　因此，教學者不能只針對戰略架構設計問題，還必須適時導入軍人倫理、軍人的榮譽心與責任感等攸關戰爭人性的思考，才能更全面性地正向形塑軍人在戰爭中的行動主體性。

　　就國家戰略範疇而言，教學者可從政治戰略、經濟戰略、國防戰略、情報戰略四大區塊，所分別對應的孫子兵學規則，設計出兩種不同層次的應用：

　　一、原典知識內容的現代化應用，如〈始計〉對廟算的政治決策思維、〈火攻〉提及的安國慎戰思維、〈作戰〉的經濟速戰思維、〈謀攻〉的戰爭全勝思維與評估、〈軍形〉的國防備戰條件、〈用間〉的情報資訊戰[46]等。

　　二、從美蘇冷戰結構、美國主導的亞洲自由防線佈局、到蘇聯解體後，逐漸從軍事思維轉型到全球區域化的政治經濟佈局，以臺灣在亞洲的戰略位置與優勢，設計全球脈絡化的臺海危機情境，要求小組應用孫子的戰爭思維，進行參謀演繹，敘述臺灣在亞洲戰略位置，提出可能發生的危機情境敘述，並進行分析研判與提出解決途徑。

　　就軍事戰略範疇而言，教學者可以從經常戰略與權變戰

---

[46] 程政國：《孫子兵法知識地圖》，頁 14。

略的角度，以古代歷史著名戰役或現代戰爭為個案討論教材，以小組討論的方式，指定教學者利用《孫子兵法》的相關知識（〈作戰〉、〈謀攻〉、〈軍形〉、〈軍爭〉、〈九地〉、〈用間〉、〈始計〉、〈兵勢〉、〈虛實〉、〈九變〉[47]），分析戰爭行動所需要的條件，以及演繹說明該場戰役的勝敗優劣。

　　就治軍理念的軍事管理範疇而言，孫子在治軍管理上，談到君王與將帥的領導統御，也談到軍隊管理的組織行為。關於前者，教學者可根據現代國家體制的政、軍結構，以及領導者在備戰、興戰、實戰、終戰中面對戰爭與戰爭結果的責任分屬，設計問題或讓學習者自由發想討論；也可以採取重點教學策略，將問題集中於軍事領導者的領導性格與治軍風格，並要求學習者做自我性格分析，以孫子將相五德「智、勇、仁、勇、嚴」，為自己設計可落實於軍旅生活的省思與增德方法。

　　關於後者，可以納入需重點討論的教學範圍，因為軍隊管理是學習者在未來正式的軍旅職涯生活中，不僅切身且必須直面的工作內容與處境，而平時良好的軍隊管理與備戰訓練，可以協助軍人迅速進入戰爭狀況，並發揮應有的效能。而孫子針對不同實況、情勢所運用的治軍方法與調整軍備，包括〈兵勢〉的組織體制建置、〈兵勢〉的規律演變、〈虛實〉的兵形調配、〈軍爭〉的會戰治軍、〈行軍〉的文武治理、〈九地〉的地緣治軍[48]，則可以主題分配方式，指定小組觀察現行軍隊

---

[47] 同前，頁 17。
[48] 同前，頁 18。

管理，提出異同對照，並進行討論、分析原因。

就作戰方法範疇而言，孫子區分了戰術原則與戰鬥方法。戰術原則包括：〈兵勢〉的奇襲造勢論、〈虛實〉的虛實戰術應用、〈九變〉的變通戰術、〈地形〉的地理佈陣、〈九地〉的攻擊五戰術；戰鬥方法包括：〈行軍〉的宿營管理與偵察敵情的相敵三三訣、〈九地〉的開戰方法、〈火攻〉的特殊戰計運用、〈用間〉的諜報方法[49]。

教學者如果具有軍事例史專業訓練，則可以使用中西戰爭史中的著名戰爭當作案例，指定學習者做綜合戰況、戰勢的分析演練敘述與勝敗評估；或是直接使用坊間附有《孫子兵法》例解的相關書籍，如馬俊英主編《圖解孫子兵法》[50]，進行戰例教案的改編撰寫，指定學習者以小組方式討論孫子作戰方法在戰例中的古今同異。

前述皆是針對戰爭相關專業知識所設計的素質教學方法，主要的教學操作原理則是借助現代軍事範疇之下所對應的〈孫子兵學〉的原文章節內容與相關認知，進行或情境、或案例、或問題的應用討論教學設計。如果教學者認為過於專業而有操作討論的困難，教學者也可以在文言文教學脈絡過程，針對《孫子兵法》對備戰、興戰、實戰、終戰的戰爭流程所關涉的重點兵法，以「戰爭準備」（〈始計〉政治廟算論、詭道十四法；〈作戰〉經濟速戰論、補給因敵論；〈謀攻〉戰爭全勝論、兵力優劣論、軍王統御論）；「用兵規則」（〈軍形〉國

---

[49] 同前，頁 19。
[50] 孫子著、馬俊英主編：《圖解孫子兵法》（臺北：好讀出版），2007 年。

防戰備論、先勝部署論；〈兵勢〉組織編制論、兵勢奇正論、奇襲造勢論、兵勢象石論；〈虛實〉虛實十心法、虛實戰術論、兵形象水論）；「實戰作業」（〈軍事〉會戰迂迴論、會戰治軍論；〈九變〉用兵九變論、利害變通論、將帥性格論）；「地形研判」（〈行軍〉行軍宿營論、相敵三三訣、文武治軍論；〈地形〉戰術地形論、將帥領導論；〈九地〉戰略九地論、攻擊五戰術、戰地領導論、地緣治軍論、開戰方法論）；「特種作戰」（〈火攻〉火攻方法論、安國慎戰論；〈用間〉敵情先知論、戰略用間論、用間方法論）[51]，引導學習者做兵法在流程中的綜合討論，或是關聯分析。

　　前述提到的示範性展演討論或分析，都可以強化學習者對戰爭發展過程的預備與心智演練能力，以及軍人在這些兵法規則中所需恪守的戰爭倫理問題，進而提供學習者自我演練在未來可能戰爭中的軍人職責想像。

　　軍人職責認知與軍事專業關乎軍官自我與群體形象的認同建立，有正向的認同，才能產生軍人的自我與群體榮譽要求。《孫子兵法》的通識專業化教學之所以重要的原因，也在於此。因為孫子治兵對戰爭流程與控制的整全思維、嚴謹權變、全勝求戰、負責領導……等特質，歸納出的三十六個兵學規則，不只反映出孫子在戰爭中所展現的智慧與心智能力，也是孫子在戰爭經驗中歸納出的最適行動建議，更是關乎戰爭行動者在戰爭中應有的行為倫理與應變能力。這些行為倫理與應

---

[51]　程政國：《孫子兵法知識地圖》，頁 5。

變能力的貫徹執行，關乎戰爭行動者在戰爭中所展現的專業度與責任心、以及職責認同與全勝企圖榮譽等。專業與責任、認同與榮譽正是軍官素養教育的軍人核心價值。

第五節　小結：軍官素養教學專業化的願景

《孫子兵法》雖然文字篇幅不大，只有六千字左右，但作為臺灣軍事院校體系國文通識課程的指定通用教材，也是臺灣高等教育體制中最有特色、且充份符合軍事院校培育軍人核心素養與「軍官專業」導向的基礎課程之一。隨著近年通識教育的專業化發展趨勢，如何從學習者的角度出發，為學習者設計更多元的關鍵學習經驗，成為許多大學通識教師所關注發展的教學策略之一。

《孫子兵法》以軍事戰略思想為核心的專業化教學，可以協助學習者不只是學習文言文，而是要能更進一步協助學習者，以系統化、結構化、脈絡化的立體式閱讀理解方式，迅速掌握孫子兵學的戰爭思維與經驗原則，並能從反思與實踐角度，協助學習者在未來可自行發展出舉一反三、迅速應戰與正確判斷的戰爭心智。而「知識地圖」的概念技術，則可以幫助一般通識國文教師的教學者，跨越專業知識領域「隔行如隔山」的心理障礙，為學習者創造更多關於《孫子兵法》的反思判斷與應用實踐學習。

《孫子兵法》的認知學習不能完全等同於戰爭心智的建造，但可以為其打下適當操練想像的基礎。而通識的專業化教

學不僅可以結構知識方式提升文言文脈絡教學的成效，還可以為學習者預設一個關於《孫子兵法》的戰爭心智的教學引導架構。在這個架構中，學習者學習到的不只是三十六個兵學規則，而是通過流程、結構、策略等三個維度所對應出的戰爭邏輯、現象原理、經驗法則，不僅可以協助學習者以理性在戰爭中做出最適分析與判斷，更可以協助學習者了解自己作為一個戰爭行動者所需要發展的專業、責任、認同、榮譽等必要條件，此正是軍人素養教育的核心價值所在。

參考書目

一、專書

何秀煌（1998）。《從通識教育的觀點看——文明教育和人性教育的反思》。臺北市：東大出版社。

余麗嫦（1993）。《中國大百科全書——哲學（二）》。臺北：錦繡，頁 662-663。

呂以榮、張子祥（譯）（2005）。《研究設計與方法》（Kenneth S. Bordens & Bruce B. Abbot 原著）。臺北：六合。

周慶華（2008）。《從通識教育到語文教育》。臺北市：秀威資訊科技股份有限公司，頁 11-26。

林玉体（1996）。《西洋教育史》。臺北：五南。

林治平（1996）。〈中原大學實施全人教育之理念與實踐之研究〉，載於林治平（主編），《教育國際學術研討會論文集》。臺北：宇宙光傳播中心出版，頁 351-393。

林治平（2004）。《找人：全人的思考與落實》。臺北：基督教宇宙光。

孫子著，馬俊英主編（2007）。《圖解孫子兵法》。臺中：好讀出版有限公司。

孫武（2014）。《孫子兵法全書》。臺北：華志文化出版。

翁福元（2007）。《教育政策社會學：教育政策與當代思潮之

對話》。臺北市：五南。

曹操（2014）。《宋本十一家注孫子・孫子集校》。臺北：世界書局。

張鈿富（2004）。《教育政策分析——理論與實務》（初版四刷）。臺北：五南。

郭為藩（2004）。《轉變中的大學——傳統、議題與前景》。臺北：高等教育。

陳伯璋（2001）。《新世紀教育發展的回顧與前瞻》。高雄：麗文。

陳慧蓉（2014）。〈大學科學通識的課程改革與發展趨勢〉，載於李隆盛（主編），《大學課程與教學的改革與創新》。臺北：五南，頁 169-187。

華杉（2017）。《華杉講透孫子兵法》。臺北：印刻出版社。

鈕先鐘（1996）。《孫子三論——從古兵法到新戰略》。臺北：麥田出版社。

鈕先鐘（1998）。《戰略研究入門》。臺北：麥田出版社。

黃坤錦（1995）。《美國大學的通識教育——美國心靈的攀登》。臺北：師大書苑。

黃政傑（2001）。《大學教育改革》。臺北：師大書苑。

黃俊傑（2002a）。《大學通識教育探索：臺灣經驗與啟示》。中壢市：中華民國通識教育學會。

黃俊儒、薛清江（2011）。《把理念帶進教室：通識教師實務錦囊》。高雄市：麗文文化。

黃俊傑（2015a）。《大學通識教育的理念與實踐》。臺北市：臺灣大學出版中心。

黃俊傑（2015b）。《轉型中的大學通識教育：理念、現況與展望》。臺北市：臺灣大學出版中心。

劉復興（2003）。《教育政策的價值分析》。北京：教育科學。

魏汝林（2014）。《孫子今註今譯》。臺北：臺灣商務出版社。

韓勝寶（2016）。《活用孫子兵法》。臺北：臺灣商務出版社。

李德‧哈特著，鈕先鐘譯（1996）。《戰略論》。臺北：麥田出版社。

克勞塞維茲著，鈕先鐘譯（1996）。《戰爭論》。臺北：麥田出版社。

Geoffrey E. Mills（2008）。《行動研究法：教師研究者的指引》。臺北：學富文化。

James MC Kernan（2004）。《課程行動研究：反思實務工作者的方法與資源》。高雄：麗文文化。

L. Dee Fink（2012）。《整合式課程設計：創造關鍵學習經驗》。臺北：華騰文化。

Robert C. Bogdan（2002）。《質化教育研究理論與方法》。嘉義：濤石文化。

二、期刊論文

王淑君整理（2011）。〈彰化師範大學 培育專業與通識兼備人才〉，《通識在線》，第 6 卷第 33 期，頁 47。

江宜樺（2005）。〈從博雅到通識：大學教育理念的發展與現

況〉，《政治與社會哲學評論》，第 14 期，頁 37-64。

吳清山（2007）。〈通識 VS.全人教育〉，《師友月刊》，第 483 期，頁 13-18。

吳清山（2009）。〈我國大學通識教育評鑑：挑戰、對策與展望〉，《教育研究月刊》，第 178 期，頁 5-23。

吳清山、林天祐（2000）。〈教育名詞——全人教育、通識教育〉，《教育資料與研究》，第 33 期，頁 76-78。

李金連、蔡行濤、駱劍秋（2000）。《通識教育》，第 7 卷 1 期，頁 67-92。

林安梧（1999）。〈對於台灣當前幾個通識問題的哲學理解：「知識」與「權利」——一個哲學治療學的觀點〉，《通識教育季刊》，第 6 卷第 2 期，頁 85-107。

林從一（2014）。〈臺灣通識教育發展歷程〉，《長庚人文社會學報》，第 7 期第 2 季，頁 191-253。

林耀堂（2001）。〈全人教育的教育哲學基礎——兼論批判理論的教育哲學觀〉，載於《生命教育論叢》。臺北：心理，頁 59-79。

施宜煌（2013）。〈全球化時代臺灣通識教育的因應策略〉，《東亞論壇》，第 480 期，頁 53-66。

張芬芬（1987）。〈大學通識教育之理論與實施〉，《淡江學報》，第 25 卷，頁 1-25。

張春興（1993）。〈教育心理學研究的新取向——目的教育化、對象全人化、方法本土化〉，《教育心理學報》，第 26 期，頁 1-26。

張國聖（2002）。〈科技時代下的通識教育使命〉，《通識研

究集刊》，第 1 卷，頁 1-16。

郭冠廷（1998）。〈通識教育的理想與實踐〉，《通識教育季刊》，第 5 卷第 3 期。頁 21-28。

陳介英（2008）。〈通識教育與臺灣的大學教育〉，《思與言》，第 46 卷第 2 期，頁 1-34。

陳能治（2002）。〈以「整全與通觀的教育」作為發展通識教育的理念〉，《通識教育》，第 9 卷第 2 期，頁 111-142。

黃壬來（1996）。〈全人教育理念的再思考與師範教育的發展取向〉，《國教天地》，頁 53-56。

黃坤錦（2004）。〈我國大學通識教育三階段論〉，《通識教育季刊》，第 11 卷 4 期，頁 87-95。

黃政傑（1986）。〈潛在課程概念評析〉，《師大教研所集刊》，28，163-181。

黃俊傑（1987）。〈我國大學通識教育的挑戰與對策〉，載於《大學通識教育研討會論文集》（5-41）。清華大學社會人文學院編印。

黃俊傑（1994）。〈中國古代通識教育思想的激盪：教育目標、內容與方法〉，《通識教育季刊》，1（2），33-58。

黃俊傑（1995）。〈當前大學通識教育的實踐及其展望〉，《通識教育季刊》，第 2 卷，第 2 期，頁 23-50。

黃雅淳、劉金源（2014）。〈理念與實務〉，《通識學刊》，第 2 卷第 3 期，頁 75-107。

黃榮村（2010）。〈推動大學通識教育的舊困難與新課題〉，

《教育研究月刊》，第 196 期，頁 5-12。

楊志成、柏維春（2013）。〈21 世紀以來中國教育政策價值問題研究綜述〉，《現代教育管理》，第 11 卷，頁 36-39。

楊思偉（2000）。〈高等教育普及化發展模式初探〉，《教育研究資訊》，第 8 卷第 4 期，頁 17-32。

詹惠雪（2005）。〈我國大學課程自主的沿革與發展——以共同課程為例課程與教學〉，《課程與教學》，第 8 卷第 4 期，頁 131-142。

趙金祁（1993）。〈三維人文科技通識架構芻議〉，《科學教育月刊》，第 160 期，頁 10-17。

趙金祁（1994）。〈人文科技的通識與通適問題〉，《科學教育月刊》，第 173 期，頁 2-16。

劉金源（2006）。〈我國大學通識教育的現況、問題與對策〉，《通識學刊：理念與實務》，第 1 卷第 1 期，頁 1-30。

劉金源（2011）。〈對高教評鑑中心即將展開通識教育評鑑的一些想法〉，《通識在線》，第 36 期，頁 11。

劉阿榮（1999）。〈台灣地區通識教育之變遷：批判與反思〉，《通識教育季刊》，第 6 卷第 2 期，頁 17-37。

謝水南（1992）。〈全人教育〉，《研習資訊月刊》，第 9 卷第 2 期，頁 4-5。

鍾瀚慧（2006）。〈教育部顧問室人文社會科學教育先導型發展計畫——通識教育計畫辦公室介紹〉，《通識在線》，第 4 卷，頁 25-27。

三、專書論文

王曉波（1995）。中央大學文學院編，〈通識課程的理論與實踐〉，《全國大學通識教育研討會論文集》，桃園：中央大學文學院，頁 265-270。

古鴻廷（1995）。中央大學文學院編，〈東海大學通識教育課程之規劃〉，《全國大學通識教育研討會論文集》，桃園：中央大學文學院，頁 205-219。

林瑞欽（1994）。雷家驥主編，〈大學通識教育之認知分析〉，《大學人文社會科學通識課程教學研討會論文集》，嘉義縣：中正大學歷史研究所，頁 15-23。

郭為藩（1987）。國立清華大學人文社會學院（編），〈通識教育的實施方式〉，《大學通識教育研討會論文集》，新竹：國立清華大學人文社會學院，頁 155-166。

陳伯璋（2005）。陳伯璋、蓋浙生編，〈臺灣高等教育的發展與改革〉，《新世紀高等教育政策與行政》，臺北：高等教育文化事業有限公司，頁 3-37。

四、研討會論文

林正弘（1998）。〈專業融合的知識論基礎〉，《第七屆通識教育教師研習營》。

林治平、王惠芝、張光正（1996）。〈以全人教育為本的通識教育理念及其落實實施——以中原大學為例說明之〉，《華人地區大學通識教育學術研討會》，香港：香港中文大學。

郭青青（1996）。〈在「通」與「適」的意義下談通識課程設

計之經驗〉，《第三屆通識教育教師研習營》：課程設
　　計與教學經驗的交流，桃園：中央大學文學院編。

楊國樞（1987）。〈評葉啟政「通識教育的內涵及其可能面臨
　　的一些問題」〉，《大學通識教育研討會論文集》，新
　　竹：國立清華大學人文社會學院編印，頁 70-72。

楊國樞（1999）。〈培育人文與科技並重的新人類〉，《中國
　　時報》，四月二十四日，第十五版。

龔鵬程（1999）。〈南華通識教育的理念、特色與目標〉，
　　《南華通識教育簡介》，嘉義：南華管理學院通識教育
　　中心編，頁 1-5。

龔鵬程（1993）。〈通識教育與人文精神〉，《大學人文社會
　　科學通識課程教學研討會論文集》，雷家驥主編，嘉義
　　縣：中正大學歷史研究所，頁 71-85。

國家圖書館出版品預行編目(CIP) 資料

```
通識教育的全人、跨域與實踐/陳康芬著. -- 初版. -- 臺北
 市：元華文創股份有限公司,2024.04
  面；  公分

 ISBN 978-957-711-365-8 (平裝)

 1.CST: 通識教育  2.CST: 高等教育  3.CST: 教學研究
 4.CST: 文集

 525.3307                                113001157
```

通識教育的全人、跨域與實踐

陳康芬　著

發 行 人：賴洋助
出 版 者：元華文創股份有限公司
聯絡地址：100 臺北市中正區重慶南路二段 51 號 5 樓
公司地址：新竹縣竹北市台元一街 8 號 5 樓之 7
電　　話：(02) 2351-1607　　傳　　真：(02) 2351-1549
網　　址：www.eculture.com.tw
E‑m a i l：service@eculture.com.tw
主　　編：李欣芳
責任編輯：立欣
行銷業務：林宜葶
出版年月：2024 年 04 月 初版
定　　價：新臺幣 400 元

ISBN：978-957-711-365-8 (平裝)

總經銷：聯合發行股份有限公司
地　址：231 新北市新店區寶橋路 235 巷 6 弄 6 號 4F
電　話：(02)2917-8022　　　傳　真：(02)2915-6275